巻頭付録

これで、脱マウス！

『アウトルック最速仕事術』
「ショートカットキー」一覧

	第2章	
2-6	Ctrl＋F1	リボンの非表示／再表示
	第3章	
3-4	Ctrl＋R	返信画面へ
3-4	Ctrl＋Shift＋R	全員への返信画面へ
3-5	Tab	次のマスへ移動
3-5	Shift＋Tab	前のマスへ移動
3-6	Esc	閉じる／止める／クリア
3-7	Ctrl＋F	転送画面へ
3-8	Ctrl＋＜	前のメールへ
3-8	Ctrl＋＞	次のメールへ
3-9	Ctrl＋N	新しいアイテムの起動
3-10	Ctrl＋Enter	メールの送信
3-11	Ctrl＋E	メールの検索
3-12	Ctrl＋Shift＋＜	フォントサイズを小さく
3-12	Ctrl＋Shift＋＞	フォントサイズを大きく
3-13	Ctrl＋1	メール画面へ
3-13	Ctrl＋2	予定表画面へ
3-13	Ctrl＋3	連絡先画面へ
3-13	Ctrl＋4	タスクリスト画面へ

	第4章	
4-5	Ctrl＋Shift＋E	新しいフォルダーの作成
	第5章	
5-5	Ctrl＋Shift＋Q	会議画面へ
5-5	F12	ファイル名を付けて保存
5-6	Alt＋F3	クイックパーツの登録
5-6	F3	クイックパーツの挿入
	第6章	
6-1	Ctrl＋Alt＋R	会議出席依頼画面へ
6-2	Ctrl＋Space	標準書式へ統一
6-3	Shift＋右クリック	パスのコピー
6-3	Ctrl＋K	ハイパーリンクの挿入
6-4	F7	スペルチェック
6-5	Ctrl＋F7	辞書登録
6-6	Ctrl＋Shift＋I	受信トレイへ
6-6	Ctrl＋Shift＋O	送信トレイへ
6-7	Alt＋数字	クイックアクセスツールバー
	第7章	
7-4	Ctrl＋Y	フォルダへの移動

年間100時間の時短を実現した
32のテクニック

アウトルック
The Best Textbook of Outlook
最速仕事術

森 新
Mori Arata

ダイヤモンド社

「アウトルックスキル」だけで年間100時間の時短ができる

ビジネスパーソンの生産性を高める最短ルート

　ビジネスパーソンの時間を最も拘束する業務は、"アウトルック"（メール）ではないでしょうか？　アウトルックの導入企業では、エクセルやパワーポイントよりもはるかに多い「平均500時間／年間」をアウトルックだけに費やしています。

　しかし、アウトルックの確立された時短スキル・ノウハウは公開されていません。そのため、各職場・各個人が自己流でアウトルックを活用しているのが現状です。

　働き方改革で生産性を上げて行こうと日本全体で取り組んでいるなか、私は、一番時間を使っている業務内容の効率アップをしないのはなぜだろう？　ノウハウが確立されていないのはなぜだろう？　と疑問を感じてきました。そこから、アウトルックを研究し、時短に大きくつながるノウハウを確立しました。そして、そのノウハウを凝縮して書籍化したものが本書です。本書は、日本で初めて出版されるビジネスパーソンに向けたアウトルックの解説書になるのではないかと思います。

　この本でアウトルックスキルを習得することで、誰でも「10個のショートカットとメール整理・活用法を覚えるだけ」でも、「職場の誰よりも、受信トレイが美しく、モレ・ダブりがない状態」になり、「職場の誰よりも、アウトルックが素早く操作ができる状態」になることができます。

　アウトルックスキルというなじみの薄い言葉をあえて発信することによって、組織や個人で自己流になっている「アウトルックの技術」の必要性を顕在化させ、日本全体の生産性向上に寄与したいと強く思っています。

エクセルやパワーポイントのスキルより大切な「アウトルックスキル」

　私は、アウトルックスキルの向上こそが、働き方改革において最も生産性の向上に効果のある取り組みだと確信しています。これは、エクセルと違ってコミュニケーションツールであるがゆえ、新入社員から経営陣までほぼ例外なく使うツールであり、一般的に管理職になると触れる回数の減るエクセルのスキルの向上よりもアウトルックのスキルの向上のほうが組織全体として得られる効果が大きいためです。

　今まで、セミナーを通じて、アウトルックのノウハウを発信してきましたが、僅か1回90分のセミナーへの参加だけで、「100時間以上／年間」の時短に成功する人も少なくありません。非常に大きな数字に見えますが、「平均500時間／年間」であることをふまえれば、20％の効率化になります。逆に言えば、すぐに改善できる20％程度のムダな操作が存在しているとも言えます。

　年間100時間あったら何をしたいでしょうか。1日8時間勤務とすれば、約13営業日分に相当します。働き方改革の真の目的は、時短ではなく、「自ら可処分時間を増やし、自ら新たな取り組みをし、個人・組織を成長させることで、さらに豊かな人生に自らの意思をもって変えていくこと」だと私は考えています。13営業日あれば、家族との時間・思い出をさらに増やす、挑戦したかった長期の海外旅行・留学、昔諦めてしまった夢、新しい事業への挑戦……いろいろなことが十分できる時間を確保できると思います。

　私は生みだした時間で、本書を書くという挑戦、新規事業への挑戦、趣味以上の位置づけであるスノーボードを毎シーズン30回以上練習する時間の確保を可能にしました。一番時間を費やしているメール業務の効率を激変させることができれば、人生の可処分時間が増加し、ほかの業務における改善の延長線では成し得なかった新しい取り組み・挑戦への時間配分ができるようになると思います。

　なお、本書では、ウィンドウズ版のアウトルックの操作についてお伝えします。マック版のアウトルックは操作方法・仕様が異なりますのでご注意ください。

アウトルック最速仕事術
年間100時間の時短を実現した32のテクニック

CONTENTS

はじめに　　2

第1章　一番大切なPCのスキルは「アウトルックスキル」　　9

1　アウトルックスキルのインパクトや意義 …… 10
2　アウトルックスキルとは何か …… 12
3　なぜ、アウトルックスキルが重要なのか …… 14
4　なぜ私はアウトルックを研究するようになったのか …… 16
5　アウトルックに割く時間は500時間／年 …… 18

第2章　時間のロスになる「画面の切り替え」を減らすテクニック　　21

1　ルーティン化した作業にこそムダがある！ …… 22
2　Case1：予定表は固定する …… 23
3　Case2：ファイルの添付は最初にする …… 25
4　Case3：予定表画面から新しいタスクを起動しない …… 27
5　Case4：メールの閲覧ウィンドウは使わない …… 30
6　Case5：リボンは閉じる …… 34

第3章 「脱マウス」に近づくための 10の基本ショートカット　37

1 アウトルックは最も脱マウスが簡単なソフト 38
2 まずは10個のショートカットキーを覚えよう！ 39
3 アウトルック専用のホームポジション 40
4 Crtl＋R＝返信 41
5 Tab or Shift＋Tab＝次 or 前のマスへ移動 43
6 Esc＝閉じる／止める／クリア 45
7 Ctrl＋F＝転送 47
8 Ctrl＋< or >＝前 or 次のメールへ 49
9 Ctrl＋N＝新しいアイテムの起動 52
10 Ctrl＋Enter＝メールの送信 54
11 Ctrl＋E＝メールの検索 57
12 Ctrl＋Shift＋< or >＝文字のフォントサイズを小さく or 大きく 59
13 Ctrl＋1 or 2＝メール画面 ⇔ 予定表画面 への切り替え 61

第4章 仕事にスピードが生まれる メールの整理法　65

1 なぜフォルダー分けをしてしまうのか？ 66
2 検索≪整理 の構造を破壊せよ！ 検索は整理を兼ねる！ 68
3 受信トレイには未処理のメールだけを残す 70
4 整理をしないでアーカイブを活用するのが一番速い 71
5 アウトルックをカスタマイズしよう！ 72
6 これが、最速メール整理術だ 80

第5章 もっと時短したい人のための スーパーテクニック集　81

1 検索フォルダー機能で「メール検索」も卒業できる　82
2 「クイック操作」機能で日常業務が3倍速になる　86
3 「クイック操作」Case1　87
4 「クイック操作」Case2　91
5 超便利な「Oft ファイル」機能　95
6 クイックパーツ機能で、いつものメール文章が一瞬で出せる！　99
7 「1分後送信ルール」で送信の事故を減らす　104
8 生産性が上がる「メールを自動で閉じる」設定　109

第6章 もっと時短したい人のための ショートカットキー上級編　111

1 Ctrl ＋ Alt ＋ R ＝会議の開催発信を1秒で呼び出す！　112
2 Ctrl ＋ Space ＝標準書式へ統一　114
3 Shift ＋右クリック＝格納したファイルのパスをコピー　118
4 F7＝スペルチェック　121
5 Ctrl ＋ F7＝辞書登録　123
6 Ctrl ＋ Shift ＋ I ＝受信トレイへジャンプ！　126
7 Alt ＋数字＝クイックアクセスツールバーの活用　128
8 Alt ＋ "1" ＝「アーカイブへ格納する」ショートカットを作る　130
9 Alt ＋ "1" ＝「署名」のショートカットキーを作ろう！　133

第7章 よくある質問　137

- 座右の銘 …………………………………………………………………… 17
- タスクバーは縦置きがおすすめ ………………………………………… 36
- 閲覧ウィンドウは全社権限で禁止のススメ …………………………… 56
- ショートカットキーの覚え方　オルト編 ……………………………… 64
- パソコンスキルと電車乗り換えスキルは比例する？ ………………… 67
- 小学生でパソコンを破壊！ ……………………………………………… 69
- 副業とLGBTは本質的に同じもの ……………………………………… 79
- ショートカットキーの覚え方　シフト編 ……………………………… 85
- 私が業務中に最も使うショートカットキー …………………………… 90
- 「アウトルック」のネーミングの由来 ………………………………… 120
- 早朝の講師活動を続けている理由 ……………………………………… 122
- 辞書登録基本パッケージ作成のススメ ………………………………… 125
- スノーボードも研究？週休３日実現まで ……………………………… 136

おわりに　　158

第 1 章

一番大切なPCのスキルは
「アウトルックスキル」

1 アウトルックスキルの インパクトや意義

アウトルックの技術でビジネスの生産性がアップする

「日本の生産性を上げるには、アウトルックスキルの向上が不可欠だ」

初挑戦した社外での講演で、私はこう確信しました。「ちょっとオーバーなのでは？」と感じる方もいるかもしれません。しかし、多くの企業でアウトルックが使われていることを考えると、これは決して大げさではありません。

マイナビによる「会社のメーラーは何を使っていますか？」という調査によると、1位はアウトルック（38.7％）で、2位のGmail（16.0％）と比べると2倍以上のシェアがあります。アウトルックスキルが向上すれば、約4割の企業で生産性の向上が図れる可能性があるわけです。

アウトルックには、企業内のほぼ全員が利用するという特性があります。この点がエクセルやパワーポイントなどと大きく違います。多くの企業では、管理職になるとエクセルでの分析業務が減り、調整や判断業務が増える傾向があります。このため管理職がエクセルスキルを磨いても生産性が大きく向上するとは考えられません。

一方で、コミュニケーションツールであり、スケジュール管理ツールでもあるアウトルックは管理職を含めて全社で利用します。==アウトルックスキルが向上すれば、企業の管理職から新人までほぼ全員の生産性が向上するはずなのです。==時短や生産性向上に寄与するスキルとして、これ以上の効果を持つものがほかにあるでしょうか。私は自信を持って「ない」と言えます。

初めて行った社外講演では、受講者から次のような感想を頂きました。

「アウトルックでこんなに時間を失っていたのかと驚いた」
「アウトルックが、こんなに時短のポテンシャルを持つなんて考えたこともなかった」
「マウスを使わずにこんなに素早く、幅広い操作が可能になるとは目からウロコ」
「このノウハウを全社で共有したい」

　この講演を行った時点では、私は自分が培ったノウハウが自社以外でも通用するものなのか自信がなく、内容もブラッシュアップされていなかったので、このような声に驚きました。
　これまで誰もアウトルックスキルにスポットライトを当てていないことに改めて気づいた私は、ここに日本の生産性を上げるチャンスが残されているはずだと考えました。そして、講演のたびに受講者が何に困っているかをヒヤリングし、どうしたらそれを解決できるか模索してきました。本書では、このようにして得られた知見をより多くの方と共有できるようにわかりやすく解説しています。

　なお、本書では、ウィンドウズ版のアウトルックの操作についてお伝えします。マック版のアウトルックは操作方法・仕様が異なりますのでご注意ください。

2 アウトルックスキルとは何か

まずは「脱マウス」から始めよう

アウトルックを使って行う業務は3つに分類できます。

A：書く
B：読む
C：整理する（探す）

本書では、この3つを回り道することなく理想的な操作方法で進められることを「アウトルックスキルが高い」と定義します。それぞれの操作を具体的に確認してみましょう。

「書く」業務では、次のような流れが一般的です。

操作 → タイピング＋操作 → 操作

この流れにおける理想的な操作は、マウスを持たずに、すべてをキーボードだけで行うことです。なぜなら、PCでタイピングする際は基本的にはキーボードに両手を置くため、操作のたびにマウスに手を移動していては効率が大きく下がるからです。マウスを使わないと聞くと難しい印象を受けるかもしれませんが、数個のショートカットキーを習得するだけで理想の操作ができるようになります。

「読む」業務では、読んで終わり（操作だけ）のパターンと、読んだ直後に「書く」などの業務に移行するパターンがあります。現実には、読んで終わ

りのメールばかりが送られてくるビジネスパーソンは少ないので、後者の「書く」業務に移行するケースがほとんどでしょう。

したがって、「読む」業務においても、マウスを使わずキーボードだけで操作できるのが理想です。これも数個のショートカットキーを習得すれば実現できます。

「整理する（探す）」業務は、メールのフォルダー格納・検索・未読化など多岐にわたります。この業務では、アウトルックが持つ便利な機能を適切に使い、なおかつキーボードで操作が完了するのが理想です。

特に、整理については多くのビジネスパーソンが過度な時間を費やしている実態があります。整理についての正しい考え方を身につけた上で、クイック操作・詳細検索・検索フォルダーなどの機能をフル活用し、最速の操作で仕事を進める、これが「整理する（探す）」業務の目指すべき形です。

本書では、この3つの業務を処理するにあたっての考え方や使うべき機能の具体的な操作を紹介しています。時短に向けた最大の方策は、お気づきかもしれませんが、脱マウスを実現することです。

==アウトルックでは10個のショートカットキーを習得すれば、9割以上の操作をキーボードだけで進めることが可能です。==本書の説明に沿って実際の業務方法を変えてみると、業務効率が即座に改善されていくことを実感できるでしょう。

3 なぜ、アウトルックスキルが重要なのか

働き方改革は、「指の動き方改革」から始めよう

「働き方改革により、業務の生産性を上げて時間を生み出し、新しい挑戦をしよう」

このようなメッセージが行政や企業によって叫ばれるようになって、もう数年がたちました。テレワークの導入、ワークフローの見直し、社外勉強会への参加など、組織や個人はさまざまな改善や努力を重ねています。しかし、働く人たちが改革を実感できるような施策が運用されたケースは多くはありません。

私は、働き方改革において最も効果的であり、真っ先に行うべき施策は、「組織のなかで最大の時間を使っている作業の効率アップを図ること」だと考えています。組織のなかで最も時間を使っている作業とはPCの操作だと言えるでしょう（ホワイトカラーの場合）。したがって、PCスキルの向上は生産性向上に大きく寄与します。

ここまでは、どの組織や個人でも気づくことです。そして、PCスキルを向上させるためにエクセルやパワーポイントの勉強会、研修、自己啓発などを行うというのが一般的な潮流になっています。

しかし、これは優先順位からすると正しい策だとは言えません。私の調査によれば、アウトルックが導入されている組織におけるアプリケーションごとの総稼働時間の長さは、次のようになっているからです。

アウトルック ＞ エクセル ＞ パワーポイント

10ページからの「アウトルックスキルのインパクトや意義」でも述べた

ように、アウトルックはコミュニケーションツールであるがゆえに、新入社員から経営陣まで、幅広く使われています。よって、組織全体におけるアプリケーション別の総労働時間を見ると、アウトルックを操作している時間の長さが圧倒的に上位になるのです。

　ところが、大半のビジネスパーソンはアウトルックを自己流で使っています。「組織のなかで最も時間を割いているアウトルックは、効率的に使われているか」という問いに対する答えは「NO」ということになるでしょう。

　アウトルックの効率的な使い方のポイントは、繰り返しになりますが、終始一貫してキーボードで操作することです。
「働き方改革の出発点はアウトルックにおける指の動き方改革であるべきだ」と私が考えるゆえんはここにあります。

　指の動かし方を学んでアウトルックをキーボードで操作できるようになれば、即効性ある改革が行え、大きく時間を創出でき、それがさらなる働き方改革実施に挑戦する時間投資の原資にもなり得ます。

　組織全体のアウトルックスキルの底上げを図ることは、働き方改革において極めて重要な視点であり、その出発点は「指の動き」を覚えることなのです。

4 なぜ私はアウトルックを研究するようになったのか

脱自己流へ　ありそうでなかったアウトルックスキル本

　ここまで「アウトルックスキル」という言葉を何度も使いましたが、これは読者にはなじみのない言い回しかもしれません。では、「エクセルスキル」ならどうでしょう。こちらは多くの人が耳にしたり目にしたことのある言葉に違いありません。

　さらに、データ集計をする際にエクセルの機能を活用できたり、効率よい使い方ができることを「エクセルスキルが高い」と評価するといったことも大半の人が理解しているでしょう。

　「エクセルスキル」は一般的に使われている言葉なのに「アウトルックスキル」は使われていません。しかし、アウトルックが導入されている組織では、その組織全体で見るとエクセルよりアウトルックに時間をかけていることがわかっています。多くの人が多くの時間を割いているアウトルックについて「アウトルックスキル」という言葉が使われておらず、そもそもアウトルックのスキルには誰も注目をしていないことを私は非常に不思議に思いました。

　エクセルに効率的な使い方があるのと同じように、アウトルックにも効率的な使い方、便利な機能があるはずです。こう考えた私はアウトルックについて勉強を始めました。

　しかし、インターネットはおろか書籍も含めて、アウトルックの効率的な使い方をまとめた文献はほとんど存在しないという壁にぶつかりました。「ノウハウがないものは自分で作ればよい」。根っからの理系人間であり、興味があるものに突っ走るタチである私はアウトルックの研究に没頭しました。これは、主に組織内の個人のアウトルックの操作のクセや傾向、アウトルックを使うシーンなどを定性と定量の両面から分析し、課題を抽出して解決策

を探るというものでした。

　本書では、その研究の内容や課題の解決策を公開しています。アウトルックの機能や特性をこのような面から捉えて解説するという意味では、日本初のアウトルックスキル本だと言っていいのかもしれません[※]。また、この本で「アウトルックスキル」という言葉をあえて発信することにより、組織や個人で自己流になっているアウトルックの使い方についての課題意識を顕在化させ、結果的に日本全体の生産性向上に寄与したいと思っています。

COLUMN　座右の銘

　座右の銘と言ってよいのかどうかわかりませんが、自分に対してよく次の問いかけをしています。
　「自分がいた世界と、いなかった世界に差分はあるのか？」
　これは、ある経営者からうかがった言葉です。差分の作り方は、家族だったり、趣味だったり、人それぞれでしょう。ただ、間違いなく言えるのは、1日をなんとなく過ごして、なんとなく終えていては、差分は残らないということです。
　本書は、読者の皆さんが少しでも仕事の効率を上げて、人生の可処分時間を増やし、その増えた時間でご自身の差分を作り出して頂けることを期待して執筆しました。同時に、本書は私の差分にもなるはずです。皆様も個性を生かした差分を少しでも多く残すきっかけになりますように。

※日本のアマゾン（https://www.amazon.co.jp）および国立国会図書館サーチ（http://iss.ndl.go.jp/）で「Outlook　スキル」をキーワードとして検索してもアウトルックのスキル向上の内容に特化した書籍は存在していません（2019年1月現在）。

5 アウトルックに割く時間は 500時間／年

知らないうちに時間を失ってしまっている「ムダBig 3」とは？

アウトルックのセミナーで、私は必ず次の質問をします。
「あなたがアウトルックに触れている時間は、業務時間全体の何パーセントですか」

この結果を集計すると、毎回の平均は30％台になります。さらに詳細に計算すると35％強が平均値といったところです。あなたがアウトルックに触れている時間は何％くらいでしょうか。

業務やポジションにより、20％の方も70％の方もいることでしょう。ここでぜひ実感して頂きたいのは、個人がアウトルックを使っている時間の割合だけでなく、35％という平均値をホワイトカラーの年間労働時間に引き伸ばしたときの数字のインパクトです。この結果は「約500時間／年」となります[※]。アウトルックのみでこれほどまでの時間を使っていることをまず認識してください。アウトルックの利用率が70％の方は約1,000時間／年、20％でも約280時間／年となり、いずれにせよ非常に大きな数字であることは間違いありません。これだけ膨大な時間をアウトルックにかけていることに気がつくと、アウトルックの操作を効率化すれば大きな成果が得られることもわかってくるでしょう。

では、なぜこれほどアウトルックに時間がかかっているのでしょうか。12ページからの「アウトルックスキルとは何か」で述べたように、アウトルックによる業務は次の3つに分類できます。

※筆者調べ。ホワイトカラーにおける平均年間総労働時間に管理監督者の総労働時間を加重平均して利用率を乗じた。ただし、管理監督者の定時外における労働時間は加味していないため、実際にはさらにアウトルックの利用時間は長い可能性が高い。

A：書く
B：読む
C：整理する（探す）

　私が調査したところ、一般的な職場においてこの3つにかける時間の順位は以下のようになります。

1位：整理する（探す）
2位：書く
3位：読む

　メールでのコミュニケーションである「読む」「書く」の時間よりも「整理する（探す）」時間のほうが長いのです。
　この中身を分析した結果、ユニークな実態がわかりました。同じような業務やポジションでも、アウトルックに多くの時間をかける人と時間をかけずに効率的に使っている人がいたのです。そしてアウトルックに多くの時間を奪われている人には共通点があることも見えてきました。その人たちは、次のような3つのムダな操作をしています。

A：**画面切り替えのムダ**
　　意識せずに多くの画面を切り替えることによる時間のロス
B：**マウス依存のムダ**
　　手がキーボードとマウスを往復することによる時間のロス
C：**整理しすぎのムダ**
　　過度なメールのフォルダー分けおよびその操作と判断時間のロス

　次章からは、この「ムダBig 3」を改善する方法を中心にアウトルックの効率的な使い方を紹介します。

第2章

時間のロスになる
「画面の切り替え」を
減らすテクニック

ルーティン化した作業にこそムダがある！

画面の切り替えで生じるロスは減らせる

　アウトルックを使いながら画面を何度も切り替えていることに、あなたは気づいているでしょうか。画面の切り替えとは次の2つです。

1．別の画面への切り替え（アウトルックとエクスプローラーの切り替え）
2．画面の上下の切り替え（スクロール）

　たとえば、メールにファイルを添付する動作を思い出してみてください。メールの作成画面からエクスプローラーに切り替えて、添付したいファイルをコピー、メール画面に戻って貼り付ける。こんな操作をしているでしょう。しかも、仕事中にこれを何度も繰り返しているはずです。何気ない動きかもしれませんが、このように分解してみると、画面を行ったり来たりするのに時間を取られていることがわかります。

　また、メールを読むために画面をスクロールすることも多いものです。スクロールの時間なんてわずかなものだ、と思うかもしれませんが、「塵も積もれば山となる」。ちょっとした時間の積み重ねが大きな時間を霧散させる原因となります。

　このように、画面の切り替えには2つの種類があり、両方とも時間のムダ遣いにつながることを心に留めてください。この2つを軽減すれば、同じ時間内にもっとたくさんのことができるようになります。この章では、具体的に5つのケースをあげて、画面切り替えを減らす操作や設定について解説します。

Case1
予定表は固定する

「午後の予定は何だっけ？」で予定表に切り替えない

　アウトルックには予定表の機能がありますが、予定表を使う際にも頻繁に画面の切り替えが起こっています。たとえばこんな具合です。出社してアウトルックを起動し、「さて、午後のミーティングはどの会議室だったかな」と予定表に移動。会議室を確認したらメール画面に戻ったものの、数分後にお客様からのスケジュール調整依頼のメールが来て「明日は何時が空いていたっけ？」とまた予定表に移動する。

　これこそ、ムダな画面切り替えの典型だと言えます。このムダは、予定表をメール画面にも表示するという設定に変えるだけで減らせます。こうすればメールと予定表の画面の行き来がなくなり、視線を動かすだけ、あるいは日付をクリックするだけで予定表を確認できるようになります。

　予定表をメールの画面に表示する設定方法は次のとおりです。

図2-1 予定表は固定する

［表示］タブを開き、［レイアウト］グループの［To Do バー］をクリックして［予定表］を選びます。バージョンによっては、［カレンダーナビゲーター］と［予定］を選ぶこともあります。

図2-2　画面の切り替えがなくなる！

メール画面から予定表が見られる！

　メール画面の右側（To Do バー）に、その日を軸とした予定表が表示されます。向こう数日の予定ならその場で見られます。離れた日ならカレンダーの日付をクリックして確認できます。

Case2
ファイルの添付は最初にする

添付を先にすればミスも減らせる

　メールにファイルを添付する操作については、22ページでも触れましたが、新規メールの画面を開いて、本文を打ち終わったあとに、添付したいファイルをコピーしてメール本文に貼り付けるというやり方をしている人が多いようです。これは一般的な操作ですし、もちろん正しいやり方ですが、実は大きな課題が2点あります。まず1つ目としては、ファイルの添付を忘れる可能性が高まるという点です。メール本文を作成し終わると、その達成感と共にファイルを添付せずに送信をしてしまい、慌ててファイルを付けて再送したという経験が一度はあるのではないでしょうか。送信するファイルはメールの作成時点で決まっていることがほとんどだと思いますので、メール作成時点で添付するという運用をおすすめします。2つ目は、何度も画面を切り替えているため、決して速い操作方法ではないという点です。

　ファイルは、画面の切り替え1回で添付できます。これが最速の操作です。具体的には次のようにします。

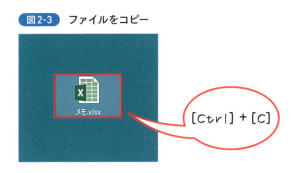

図2-3　ファイルをコピー

添付するファイルを選択して［Ctrl］+［C］（コピー）を押します。

図2-4 受信トレイで貼り付け

任意の位置で [Ctrl] + [V]

アウトルックのメール画面を開き、受信トレイ上の任意の位置で [Ctrl] + [V]（貼り付け）を押します。

図2-5 ファイルは先に添付する

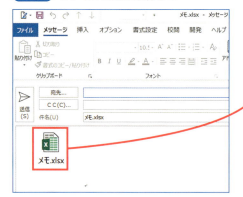

新規メールが添付ファイル付きで自動で立ち上がる！

[Ctrl] + [C]（コピー）しておいたファイルが添付された新規メールが開くので、宛先や本文などを入力して送信します。なお、添付するファイルが1つの場合は、ファイル名が件名にプリセットされるので、必要に応じて修正をしてください。添付ファイルが2つ以上だと、件名は空欄になります。

Case3
予定表画面から新しいタスクを起動しない

たった2回の画面切り替えで予定表に書き込める

　アウトルックの予定表をスケジュールやタスク管理に使っている場合、受信したメールの文字をコピーして予定表に貼り付けている方が多いのではないでしょうか。たとえば予約したセミナーの確認のメールを受け取ったとします。このメールに書かれている日時や場所、内容などをいちいちコピーして、予定表の画面を開き、貼り付けているということです。

　この動作にも画面の切り替えがあります。メールを開いてメール本文をコピーしてからメール画面を閉じ、予定表画面に切り替えて［新しい予定］ボタンをクリック。貼り付けを行って、再びメール画面に戻る。これだけで4回以上切り替えが発生しています。日付や文字を何度かに分けて転記すれば、切り替える回数はもっと増えます。

　==しかし、コピーと貼り付けの方法を工夫すれば、メールから予定表への書き込みは、たった2回の画面切り替えで行えます。==この方法なら予定表で［新しい予定］ボタンをクリックする手間も省けます。では、やってみましょう。

　予定表に入れたいメールを選んで［Ctrl］＋［C］（コピー）を押します。

図2-6　まずはメールを選択

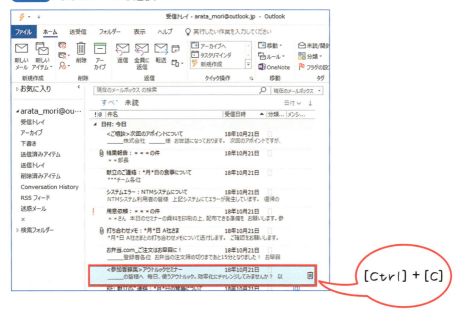

図2-7　予定表を開く

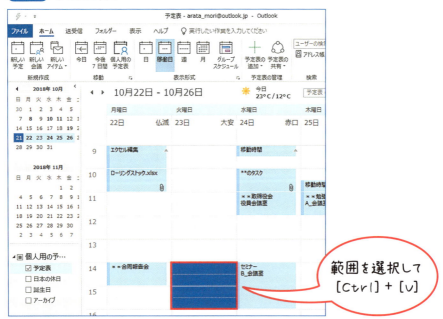

28

予定表画面を開き、予定を入れる時間を範囲選択するなどして選択、その状態で［Ctrl］＋［V］（貼り付け）を押します。

図2-8　メールの内容が自動で反映される！

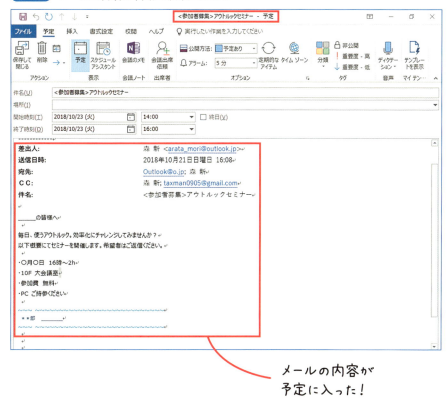

メールの内容が
予定に入った！

　コピーしたメールの内容が反映された予定ウィンドウが自動で開くので、必要に応じて場所などを入力し、［Ctrl］＋［S］（上書き保存）を押して保存します。予定ウィンドウは［Esc］（閉じる）を押すと閉じられます。

Case4
メールの閲覧ウィンドウは使わない

スクロールを減らせる画面へと最適化する

　皆さんが使っているアウトルックの画面の表示はどのようになっていますか。
　企業によって画面の表示方法が指定されている場合があるかもしれませんが、一般に図のような表示にしているケースが多いようです（図では、23ページからの「予定表は固定する」で説明したように予定表を右側に表示しています）。

図2-9　閲覧ウィンドウは消そう！

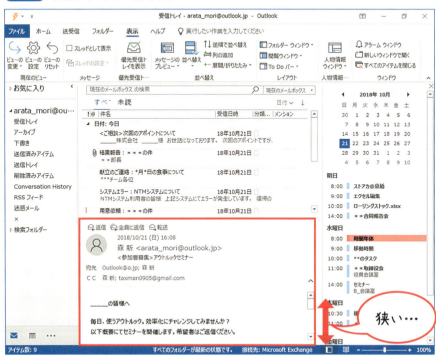

図のなかのメール本文が表示されている部分のことを「閲覧ウィンドウ」といいます。

　閲覧ウィンドウはメールの一覧の下に表示されていることもありますし、右のこともあります。閲覧ウィンドウを利用すると、メールを選ぶだけで本文を見られます。

　しかし、ここにもアウトルックでの作業時間を増やす原因が潜んでいます。次の3つです。

1．本文の領域が狭いのでスクロールする回数が増え、メールを読む時間が長くなる
2．一度に読める範囲が狭いため、メールの主旨をつかみづらく、どのようなリアクションをすべきかの判断に時間がかかる
3．長いメールの場合、メールを読みやすくするためにダブルクリックして独立したウィンドウで開いたり、元に戻したりといった操作に手間取る

　このようなムダをなくして、==メールをもっと読みやすく、アクションを起こしやすくするためには、閲覧ウィンドウを非表示にします。==手順は次のとおりです。

図2-10 ［表示］から閲覧ウィンドウをオフへ

　［表示］タブを開き、［レイアウト］グループの［閲覧ウィンドウ］をクリックして［オフ］を選びます。

　閲覧ウィンドウが非表示になって、受信したメールを表示できる数が増えました。閲覧ウィンドウが表示された状態に戻したければ、［表示］タブの［レイアウト］グループの［閲覧ウィンドウ］で右か下を選んでください。

図2-11 メールの表示数が増えた！

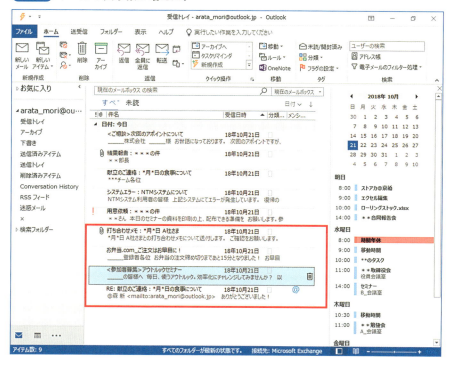

　閲覧ウィンドウがなくなると、メールの本文が見えなくなって不便ではないかと疑問に思うかもしれませんが、そんなことはありません。キー操作だけで効率よくメールを確認していけます。
　上下の矢印キーでメールを選択したら、[Enter] を押せばメールの画面が開きます。読み終わったら [Esc] で閉じられます。こうすることで、メール本文が、大きな画面で確認できるため、スクロールする回数が大幅に削減されるだけでなく、簡単に閉じられるようになって、飛躍的にスピードが向上します。

時間のロスになる「画面の切り替え」を減らすテクニック　第2章　33

Case5
リボンは閉じる

ショートカットキーを覚えればリボンは不要になる

　アウトルックの画面は、メールの全体感を素早く把握するためにも、本文におけるスクロールの回数を減らすためにも、少しでも広くしたいものです。画面を広げるために効果があるのが、リボンを非表示にすることです。

　リボンとは、画面の上部にある機能ごとのボタンを表示する領域です。リボンを非表示にすればリボンのスペースをメールや予定表の画面に使えるようになります。わずか3cm程度ですが、表示できるメールの件数や行数が増え、操作がスピードアップします。

図2-12 リボンも閉じよう！

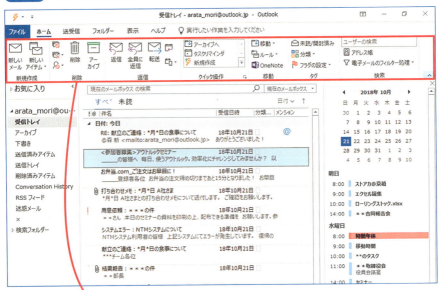

[Ctrl]＋[F1]で非表示に。

34

リボンの表示と非表示を切り替えるには、[Ctrl] + [F1] を使います。左の図のようにリボンが表示された状態で [Ctrl] + [F1] を押してください。

図2-13　表示件数が増える

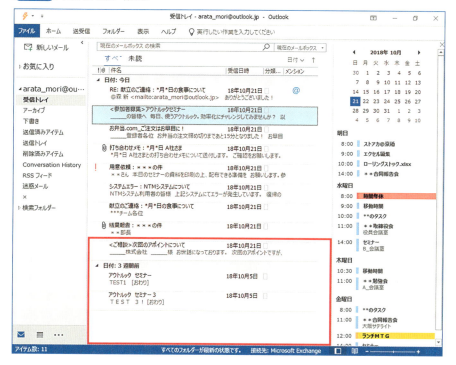

　リボンが非表示になります。リボンの非表示によって、メールが2～3件多く表示できているのがおわかり頂けるかと思います。
　この状態でもう一度 [Ctrl] + [F1] を押すとリボンを再表示できます。

　リボンを非表示にすると画面が広くなるのはわかっても、「[返信] のようなボタンを押したいときには、どうしたらいいのだろう？」と思う人がいるかもしれません。「ボタンを押すために、わざわざリボンを表示するなんて面倒！」と感じる人もいるでしょう。

でも、ご安心ください。アウトルックでは約10個のショートカットキーで主な操作をすべて行えるのです。

　そして、ショートカットキーを覚えれば、マウスを使うのと比べて作業時間を大幅に短縮できて、生産性が向上します。そこで、ぜひリボンを閉じることを目標にショートカットキーを習得してください。先にリボンを閉じてしまって、その不便さをバネにショートカットキーを覚えるというのもいいですね。

　次の章では、必須ショートカットキーを紹介していきます。

COLUMN タスクバーは縦置きがおすすめ

　タスクバーは、起動中のアプリケーションのアイコン、ネットワークへの接続のようなパソコンの状態を知らせるアイコンや日付などが表示されている帯状の領域です。通常は画面の最下端に横向きに配置されています。

　タスクバーは画面の下に固定されていると思っている方もいるかもしれませんが、左右の端や上端に移動できます。私が特におすすめしているのは画面の左端に縦に置くことです。

　リボンを閉じて画面の有効面積を増やしましょうというお話をしましたが、これに加えてタスクバーを縦向きに置けば、縦方向の面積がさらに広がってスクロールの回数が減ります。

　この設定が役に立つのはアウトルックに限りません。今までのPC操作を思い出してください。エクセルやワードあるいはウェブページを見ているときでも、縦方向のスクロールのほうが圧倒的に多いはずです。タスクバーを縦向きにすれば、その分だけ縦スクロールが減ります。ぜひ、数日でもよいのでタスクバーを縦にしてみてください。数日後に下（横）に戻すと「スペースが減った！」「スクロールが増えた！」と感じるに違いありません。

　タスクバーの何もないところを右クリックして［タスクバーの設定］または［プロパティ］を選び、「画面上のタスクバーの位置」の欄で［左］か［右］を選べばタスクバーを縦にできます。

第 3 章

「脱マウス」に近づくための
10の基本ショートカット

1 アウトルックは最も脱マウスが簡単なソフト

たった10個のショートカットキーでマウスがいらなくなる

　マウスを使った操作は、わかりやすい反面、時間がかかります。ショートカットキーを覚えてキーだけでパソコンを操れれば、仕事はもっと速くできるはずと、憧れを込めて思っている人も多いでしょう。しかし、職場を見回しても、キーだけでパソコンを操作している人というのはほとんどいません。

　この原因は明白です。脱マウスのレベルになるために求められるショートカットキーが非常に多いためです。私が調べたところでは、エクセルやワードなどをキーで操作するには、少なくとも150個のキーを覚えなければなりません。脱マウスで時短を図るはずが、最初はキーを覚えるのに時間がかかります。「どのキーだったかな？」と本やウェブを調べていたら、同じ作業なのにマウスを使うより長時間パソコンと格闘することになってしまいます。そして、脱マウスによる時短のメリットよりショートカットキーを覚えるのにかかる時間のデメリットのほうを大きく感じて、あきらめてしまう人が多いのです。

　ところが、**アウトルックでは脱マウスに必要なショートカットキーは、わずか10個です。**これなら、それほど時間をかけずに覚えられます。マウスを使わずに日常のメール業務ができるようになれば、仕事がスピードアップすることは間違いありません。

　しかも、ショートカットキーのなかには、ワードやエクセル、パワーポイントなどほかのオフィスソフトと共通のものがあります。アウトルックで脱マウスができれば、ほかのソフトで脱マウスをするのも夢ではありません。

2 まずは10個の ショートカットキーを覚えよう！

アウトルック作業の高速化の基本

　本書には、付録として「ショートカットキー」キーボード早見表がついています。個々のショートカットキーの説明をする前に、この表の見方と使い方を紹介しましょう。

　表はキーボードの形になっており、キーの上に星マークがついているのが必須の10個です。また、キーには色がついているものがあります。色は一緒に押すキーを示しています。

　[Ctrl] を見てください。青色になっています。そして [C] のように青色になっているキーは [Ctrl] と組み合わせて押すという意味です。本書では「[Ctrl] を押しながら [C] を押す」あるいは「[Ctrl] + [C]」のように表記します。同じように [Shift] は赤色、[Alt] は緑色、[Windows] は黄色です。

　[Enter] のように黒い色がついているキーは、単体で使うものです。

　早見表には10個のショートカットキー以外にも、よく使うキー、時短につながるキーが入っていますので、パソコンの近くに貼り付けて利用してください。

　ショートカットキーは積極的に使うことで自然に覚えられます。覚えたキーを塗りつぶしていくと進捗状況が見えて励みにもなるでしょう。

3 アウトルック専用のホームポジション

矢印キー＋[Enter]キーを活用しよう

　キーボード入力のための指のホームポジションというのを耳にしたり、習ったりしたことがあるでしょう。右の人差し指を[J]、左の人差し指を[F]に置き、そこから順に各キーに指を置く位置です。

　これとは別に、アウトルックのショートカットキーを使いやすくする指の位置、いわばアウトルック専用のホームポジションがあります。

　このホームポジションでポイントとなるのは右手の位置です。右手は、上下左右の矢印キーに置きます。人差し指で左矢印、薬指で右矢印、中指で上下の矢印キーを操作します。そして、[Enter]は中指を伸ばして押します。[Enter]を押し終わったら、中指は上下矢印キーのいずれかに戻します。上下どちらの矢印キーでもよいので、置きやすいほうをあなたのホームポジションとしましょう。

　一方、左手のほうは左の[Alt]に親指があると、最も速くストレスなくショートカットキーを操作できます。ショートカットキーでは[Ctrl]、[Shift]をよく使いますが、[Alt]に親指を置いた位置から、動かしやすい指で[Ctrl]や[Shift]を押してください。

　本書では、アウトルックのこのホームポジションをベースとして、ショートカットキーの押し方を説明します。

Ctrl + R
=返信

[R] キーは英語の「Reply」

最初に、よく使う機能のキーを覚えましょう。

返信のショートカットキー、[Ctrl] + [R] です。

図3-1 返信は [R] ！

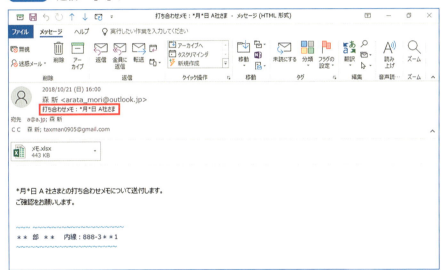

[Ctrl] + [R]
↓

図3-2 返信画面へ！

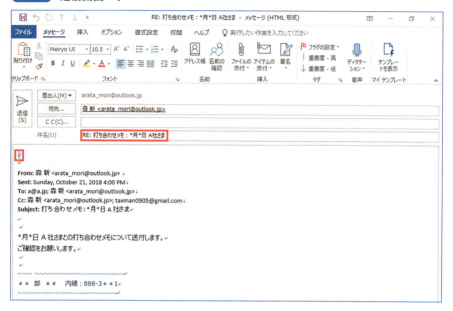

　返信するメールを上下の矢印キーで選択してからこのキーを押します。メールを開いた状態でもかまいません。アウトルックのホームポジションに指を置いて、[Ctrl] は左手の小指、[R] は左手の人差し指で押します。

　このキーを押すと、返信メールの画面になると同時にカーソルは本文の欄に移動し、そのまま返信の内容を入力できます。[Ctrl] + [R] のキーと一緒にカーソルの位置も覚えると、カーソルを確認するために動きを止める必要がなくなり、さらに手早く返信できます。

　ここで使う [R] キーは、英語の「Reply」（返信）の頭文字と覚えてください。由来は諸説ありますが、英単語とセットで覚えるとそれぞれのショートカットキーも覚えやすくなります。送信者への返信は [Ctrl] + [R] ですが、これに [Shift] を足して、**[Ctrl] + [Shift] + [R] を押すと、受信者全員への返信になります。**[Shift] を押すのには左手の薬指を使います。

5 Tab or Shift＋Tab ＝次 or 前のマスへ移動

宛先欄もショートカットキーで移動できる

　メールの本文を入力し終わってから、宛先やCCを設定するとしましょう。カーソルは本文の欄、あなたの指はキーボードにあります。キーボードから手を離してマウスを持ち、「宛先」や「CC」の欄をクリックするのが一般的に行われている操作です。

　しかし、脱マウスを目指すなら、これにもキーを使いましょう。

図3-3　マウスなしで移動！

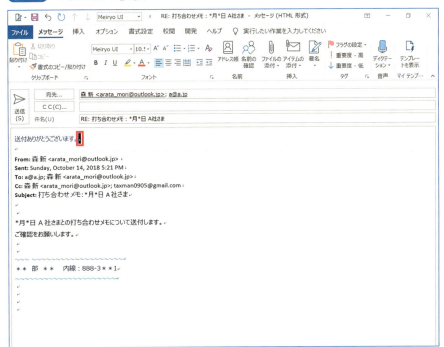

「脱マウス」に近づくための10の基本ショートカット　第3章　43

［Shift］＋［Tab］
↓

図3-4 脱マウスでスピードアップ

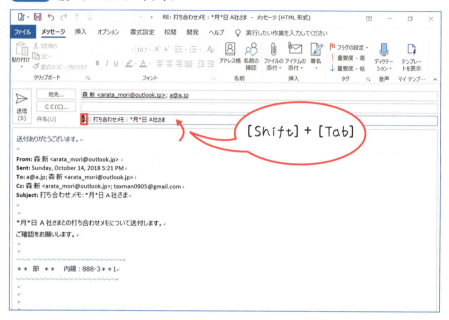

　本文にカーソルがある状態で［Shift］を押しながら［Tab］を押します。1回押すと「件名」の欄にカーソルが移動します。そのまま、同じキーをもう一度押すと、1つ上の欄に移動します。このように==［Shift］＋［Tab］で欄をさかのぼっていけば、素早く「宛先」にカーソルを置けます。==キーボードからマウスに手を動かして、「宛先」の欄をクリック、キーボードに手を戻すという工程がカットされ、かなりのスピードアップができるキーです。
　［Shift］＋［Tab］では、入力欄を上に移動しますが、「宛先」から本文の欄に移動するというように==下に動かしたいときは、［Tab］だけを押します。==これも押すたびに1つずつ下がります。

6 Esc
＝閉じる／止める／クリア

最も出番が多いキー［Esc］

　数あるショートカットキーのなかで、最も出番が多いのが［Esc］キーです。メールは［Enter］を押すと開けます。それを閉じるのにマウスで右上の［×］をクリックしていては、せっかくのキー操作もお役立ち度が半減です。

　==開いたメールは［Esc］を押せば、即座に閉じられます。==

図3-5　［×］はクリックしない

マウスでクリックしない！

「脱マウス」に近づくための10の基本ショートカット　第3章　45

[Esc]

図3-6 一瞬で画面が消える！

　[Esc] は、いろいろな場面で活用できます。たとえば、メールを検索したとします。検索し終わったら、ここでも [×] をクリックするのではなく [Esc] を押します。そうすると元の画面に戻ります。うっかり [Windows] キー（ウィンドウズのロゴのキー）を押して、アプリの一覧が表示されてしまったようなときも [Esc] で閉じることができます。

　ほかにも、「変更を保存しますか」のような確認の画面を閉じたいとき、あるいは入力中の文字を取り消したいときも [Esc] が役に立ちます。

7 Ctrl＋F ＝転送

[F] キーは英語の「Forward」

メールの転送は [Ctrl] + [F] で行います。 メールの一覧のなかから矢印キーを使って目的のメールを選択し、次に [Ctrl] + [F] を押すと、転送のメール画面が表示されます。メールを開いた状態でキーを押してもかまいません。

図3-7 転送は [F]！

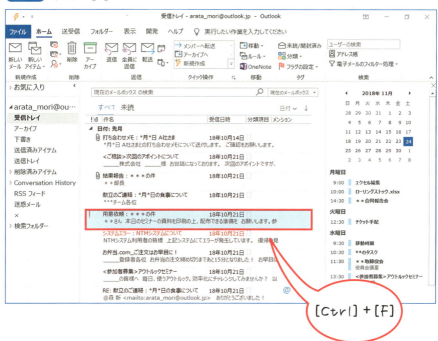

[Ctrl] + [F]

「脱マウス」に近づくための10の基本ショートカット　第3章　47

[Ctrl] + [F]
↓

図3-8 一瞬で転送画面へ

　転送メールの画面では、カーソルが「宛先」の欄にあります。[Ctrl] + [R]で返信のメールを表示するとカーソルは本文の欄にありました（42ページ参照）。返信メールはすでに宛先が設定されているのでカーソルが本文にあります。これに対して、転送メールでは宛先がまだ設定されていないため、「宛先」にカーソルがあるわけです。

　<mark>転送メールは、カーソルがある宛先から設定していきましょう。</mark>宛先を入力したら[Tab]を何回か押してカーソルを本文の欄に移動します。そして本文を入力して送信するというのが、手早く転送するコツです。ここで使う[F]キーは、英語の「Forward」（転送）の頭文字です。返信と同じく、転送メールの件名に「FW:」と表示されるのも、この単語の2文字からきています。

Ctrl＋< or >
＝前 or 次のメールへ

矢印キーを使って効率的にメールを閲覧する

　第2章で閲覧ウィンドウを閉じたほうが効率がよいという説明をしました。しかし、メールを選ぶだけで内容が見られる閲覧ウィンドウは便利で手放せないという人も少なからずいることでしょう。

　そこで、閲覧ウィンドウを使わずに手際よく個々のメールの中身を表示するショートカットキーを紹介します。

図3-9　メールチェックは手際よく！

　まず、どのメールでもかまわないので、最初のメールを選択します。図では「＜ご相談＞次回のアポイントについて」を選択しています。その下の（次の）メールが「結果報告：＊＊＊の件」となっていることにも注目してください。

「脱マウス」に近づくための10の基本ショートカット　第3章　49

[Enter]を押すと、選択したメールが開きます。

図3-10　[Enter]でメールを開く

メールを読み終わったら、[Ctrl] + [>]を押します。

図3-11　次のメールが開いた！

すると、表示していたメールが閉じると同時に次の（下の）メールが開きます。図では「結果報告：＊＊＊の件」が開いています。このメールを読んだら、また［Ctrl］＋［>］を押すという具合にすれば次々にメールを読んでいけます。

　開いているメールより前の（上の）メールに移動したいときは、［Ctrl］＋［<］を使います。「＜ご相談＞次回のアポイントについて」を選択した状態で［Ctrl］＋［<］を押すと「打ち合わせメモ：＊月＊日Ａ社さま」が開きます。

　このように［Ctrl］＋［>］と［Ctrl］＋［<］を使うと、閲覧ウィンドウより効率的に、しかも大きな画面でメールを読めるのです。

　メールを読んで即座に返信したければ、メールを開いた状態で［Ctrl］＋［R］または［Ctrl］＋［Shift］＋［R］、転送したければ［Ctrl］＋［F］を押します。閲覧ウィンドウで、クリックしながらメールを選択し、「返信」ボタンなどをクリックするより、動きにムダがなく時短につながります。

Ctrl＋N
＝新しいアイテムの起動

[N] キーは英語の「New item」

[Ctrl]＋[N] は新しいアイテム（New Item）を作るキーです。 メールの画面でこのキーを押すと、図のように新しいメールの新規作成画面表示されます。予定表画面でこのキーを押すと新しい予定の画面になります。

図3-12 メールの画面から…

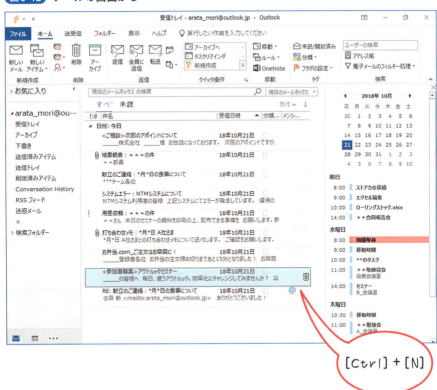

[Ctrl]＋[N]

[Ctrl]＋[N]
↓

図3-13 新しいメールが開く

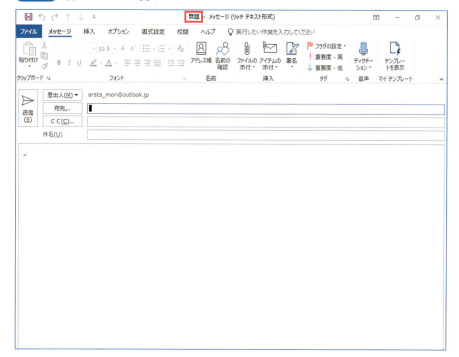

　[Ctrl]＋[N]は新しいアイテム（New Item）を作るキーです。単に「New」の頭文字と覚えてもよいのですが、「New Item」なので、そのときの状態に応じて新しい画面が表示されることも念頭に置いておくと、使い方が広がります。エクセルやワード、パワーポイントなどでも、このキーを押すとそれぞれの新しいファイルを作れます。

10 Ctrl＋Enter ＝メールの送信

メールの送信は［Alt］＋［S］でもできる

　メールを書き終わったら、［送信］ボタンをクリックして送信するのが普通ですが、これもキーで行いましょう。[Ctrl] ＋ [Enter] を押すとメールが「送信」トレイへ移動します。アウトルックのホームポジションに指を置いて、[Ctrl] は左の小指、[Enter] は右の中指で押します。

図3-14　メールの送信

[Ctrl] + [Enter]
↓

図3-15 そのまま送信してOKなら [Enter]

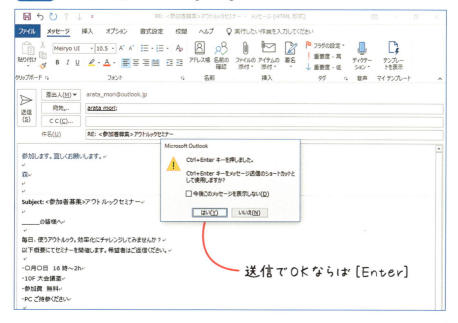

　このキーを初めて使ったときは、「Ctrl + Enter キーをメッセージ送信のショートカットとして使用しますか？」という画面が表示されます。表示が不要なら「今後このメッセージを表示しない」にチェックを付けて [Y] を押せば、以降は表示されなくなります。確認のために毎回メッセージを表示したければ、そのまま [Enter] を押してください。

　[Ctrl] + [Enter] では、前述のようにメールが送信トレイに移動し、設定したタイミングで送信されます。「接続したらすぐに送受信する」の設定がオンになっていれば、送信トレイに移動するとすぐに送信されます。送受信の間隔を指定している場合は、その時間になると送信されます。送信トレイに移動した後に、手動で送信するルールが適用されている場合は、[F9] を押せば、マウスを使わずに送受信が可能です。

「接続したらすぐに送受信する」の設定は下記の手順で確認できます。

1. [ファイル]タブを開き[オプション]を選択する。
2. 左の欄で[詳細設定]を選択する。
3. 右の欄の「送受信」で「接続したらすぐに送受信する」がオンかオフかを確認する。

なお、メールの送信は[Alt]+[S]でも行えます。しかし、私は以下の2つの理由から[Ctrl]+[Enter]での送信を推奨しています。
①プライベートではGmailのアカウントを使っている人も多いと思いますが、[Ctrl]+[Enter]ならGmailでも送信ができます。
②たいていのキーボードでは、[S]より[Enter]のほうが大きくて押しやすいためです。

COLUMN　閲覧ウィンドウは全社権限で禁止のススメ

　30ページからの「Case4: メールの閲覧ウィンドウは使わない」で、閲覧ウィンドウを閉じることが生産性向上につながるというお話をしました。本書を読みながら実際に閲覧ウィンドウを閉じて、その効果を実感している方もいらっしゃることと思います。
　閲覧ウィンドウを閉じる設定は、個人で行ってもかまわないのですが、企業のシステム部門で全社の表示を一括して設定できることもあります（システムの運用方法によって異なります）。全社員のアウトルックの閲覧ウィンドウをシステム部門が閉じられるということです。
　実際にこれを実行した企業がありました。閲覧ウィンドウを禁止して、[表示]タブの[閲覧ウィンドウ]ボタンを押せないようにしたそうです。その結果、当初は困惑した人が多かったものの、矢印キーでメールを選び、[Enter]で開けること、[Ctrl]+[＞]で次々にメールを開けることなどへの理解が深まると、時短効果を実感した人が増えたとのことです。
　全社のアウトルックスキルを向上させる1丁目1番地は、閲覧ウィンドウの禁止かもしれません。あなたもシステム部門に提案してみませんか？

11 Ctrl＋E ＝メールの検索

メール検索の生産性を上げる方法

「あのメールをもう一度読みたい」というように、特定のメールを見つけたいときは、メールの検索をします。検索を始めるのに使うキーは［Ctrl］＋［E］です。アウトルックの初期設定では、受信トレイを開いた状態でこのキーを押せば、受信トレイおよび受信トレイのフォルダーに保存されているすべてのメールを対象に検索できます。

［Ctrl］＋［E］を押すと検索ボックスにカーソルが移動し、［検索ツール］タブも表示されて、検索の条件を指定できるようになります。検索ボックスには、差出人や件名などメールを探すキーワードを入力します。入力を始めると同時に検索が行われ、キーワードが強調表示されます。

［Ctrl］＋［E］
↓

図3-16　メールの検索

「脱マウス」に近づくための10の基本ショートカット　第3章　57

ただし、実際には、1つのキーワードでは検索結果が多すぎる場合があります。そこで図のように複数のキーワードを使って絞り込むのがおすすめです。キーワードをスペースで区切って入力すると、両方のキーワードを含むメールが見つかります。なお、スペースは半角・全角の区別はありません。

図3-17 キーワードで絞り込む！

　[Ctrl] + [Tab] を何度か押すと、検索結果のメールの一覧に選択が移動するので上下の矢印キーで目的のメールを選んでください。検索は [Esc] を押すと終了できます。

　なお、[Ctrl] + [E] のほかに [F3] を押して検索を始めることもできます。憶えやすいほうを使うとよいでしょう。
　ところで、エクセルやワードでは検索のショートカットキーは [Ctrl] + [F] です。「Find（見つける）の [F]」のようにしてキーを覚えている人もいるかもしれませんね。ところがアウトルックでは、[Ctrl] + [F] は転送（Forward）に割り当てられているため、[F] ではなく [E] を使います。[E] は「Explorer」の頭文字と覚えてみてください。

Ctrl＋Shift＋ < or >
＝文字のフォントサイズを
小さく or 大きく

ワードやパワーポイントでも使える方法

　メールの文字サイズを変えたいときは、フォントサイズのボタンを使うのではなく、[Ctrl] ＋ [Shift] ＋ [＜] または [＞] を押します。文字サイズを変更するキーはアウトルックだけでなく、ワードやパワーポイントなどでも使えるので、一度覚えれば、さまざまな作業で時短を図れます。

図3-18　文字のサイズを変えたいとき

[Ctrl] ＋ [Shift] ＋ [＞]
↓

図3-19　文字を大きくできた！

「脱マウス」に近づくための10の基本ショートカット　第3章　59

文字サイズの変更では、最初に対象の文字を選びます。これもキーで行いましょう。矢印キーで先頭の文字の左にカーソルを置き、［Shift］を押しながら右矢印キーで文字を選択していきます。選択しすぎたら［Shift］を押したまま左矢印キーを押すと、選択範囲を狭められます。

　文字を選択した状態でサイズを変えます。大きくしたければ［Ctrl］＋［Shift］＋［>］、小さくしたければ［Ctrl］＋［Shift］＋［<］を押します。それぞれ1回押すごとに1単位（［ホーム］タブの「フォントサイズ」欄で選べるサイズ）ずつフォントサイズが変わります。

　類似のキーとして［Ctrl］＋［」］（または［「］）があります。使い方は［Ctrl］＋［Shift］＋［>］などと同じで、対象の文字を選択してからキーを押します。［Ctrl］＋［」］を押すと文字が1ポイントずつ大きく、［Ctrl］＋［「］を押すと1ポイントずつ小さくなります。

　文字のサイズが変えられるのは、メールがHTML形式またはリッチテキスト形式の場合です。テキスト形式では文字サイズは変わらないので注意してください。

　どの形式になっているかは、メールを新規作成して［書式設定］タブを開き、［形式］グループで［HTML］［テキスト］［リッチテキスト］のどれが選択されているかを見ればわかります。

13 Ctrl＋1 or 2 ＝メール画面 ⇔ 予定表画面への切り替え

メールと予定表もキーで切り替える

　メールと予定表の画面の切り替えは、できるだけなくしたほうがよいという話を23ページでしましたが、まったく切り替えないわけにはいきません。**メールと予定表を切り替える必要がある場合は、[Ctrl] を押しながら、数字の [1] または [2] を押します。**これなら、マウスでアイコンをクリックするより短時間で切り替えられます。

図3-20　予定表に切り替えたいときは……

「脱マウス」に近づくための10の基本ショートカット　第3章　61

［Ctrl］＋［２］
↓

図3-21　ナビゲーションバーを覚えよう！

メールは［1］、予定表は［2］

　数字のキーはメールや予定表のアイコンの位置によって決まっています。アウトルックの画面の左側にフォルダーウィンドウがあります。

　メールなら受信トレイや送信トレイなどが表示されている領域、予定表ではカレンダーが表示されている領域です。この領域の下部にメールや予定表のアイコンが並んでいます。この部分をナビゲーションバーと言います。

ナビゲーションバーの左端にあるのがメールのアイコンです。左から数えて1番目なので［1］が割り当てられています。予定表のアイコンは左から2番目なので［2］です。

　同じように3番目の連絡先は［Ctrl］＋［3］、4番目のタスクリストは［Ctrl］＋［4］で表示できます。

　ナビゲーションバーのアイコンは、表示方法によっては縦に並んでいることもあります。この場合は上から順に［1］［2］のように割り当てられます。

COLUMN　ショートカットキーの覚え方　オルト編

　ここでは［Alt］を使うショートカットキーのポイントを説明します。［Shift］を使うショートカットキーの説明も85ページにありますので参考にしてください。
　［Alt］の特長は次の一言に尽きます。

「ボタン操作の代替が得意」

　「Alt」（オルト）は「alternative」の略だと言われています。日本語では「代替手段」という意味です。いろいろな操作をするなかで、設定画面などで「オプション（T）」のようなボタンを見ることがあるでしょう。アルファベットに下線が引かれていたら、［Alt］を押しながら、そのアルファベットのキー（この例では［T］）を押すと、ボタンをクリックするのと同じになる（この例では「オプション」ボタンをクリックするのと同じ）という意味です。
　下線が引かれていなくても［Alt］が有効な場合もあります。ブラウザーの上部に［←（戻る）］や［→（進む）］のボタンがあります。このようにキーボードと似たボタンがある場合も［Alt］と組み合わせてキーを押すと、マウスでボタンをクリックしたのと同じことになります。この例では［Alt］＋［←］を押すと前のページに戻れます。
　ほかにも、エクセルでフィルターを設定すると見出し行に表示される［▼］などのボタンは、多くの場合［Alt］＋［↓］で押せます。
　さらに、アウトルックやエクセル、ワード、パワーポイントなどでは［Alt］を押すと［ホーム］などのタブを開くキー、各タブのボタンに対応するキーを表示する機能もあります。ショートカットキーを思い出せないときは、［Alt］を押せば、手数は増えるかもしれませんが、キーだけで操作ができます。
　ぜひ、いろいろな画面やシーンで［Alt］を試してみてください。

第4章

仕事にスピードが生まれる
メールの整理法

1 なぜフォルダー分けを してしまうのか?

> アウトルックのスキルを上げればフォルダー分けは必要なくなる

　受信したメールを整理する方法として「フォルダー分け」を活用している方は多いでしょう。実際、メールを使う人の6割程度がフォルダー分けしています。

　なぜメールをフォルダーに分けるのでしょう。

　フォルダー分けの目的は、多くの場合、後日、そのメールを見つけやすくすることにあります。ところが、フォルダー分けが本当に便利で効率のよい方法かというと、そんなことはありません。理由は3つあります。

1. 自動でフォルダー分けするように設定している場合、中身を見るには、その都度フォルダーを開かなければならず、かえって手間が増える。
2. 服や靴のように日常的に使うモノなら、引き出しに分けて収納すると目的のモノを取り出しやすくなるが、フォルダーに入れたメールのうち後日参照するのはごく一部にすぎない。その一部のメールのためにすべてのメールを分類しようとするとムダが増える。
3. 分類できないメールが一定数存在し、かえって作業が複雑になる。

　3番目の理由について、もう少し詳しく説明します。これは「こうもり問題」と言われているものです。

　あなたが「鳥」フォルダーと「獣」フォルダーを作ってメールを分類していたとしましょう。そこへコウモリからメールが来ました。あなたはこのメールを「鳥」に入れますか。それとも「獣」に分類するでしょうか。

　コウモリは哺乳類なので獣だと言えますが、翼を持ち、飛行するので鳥のようでもあり、「獣」フォルダーに入れても「鳥」フォルダーに入れてもよ

いように思えます。決めかねるので受信トレイに残したままにする人もいるでしょうし、コピーして両方のフォルダーに入れる人もいるでしょう。いずれにしても、考える時間がかかる上にあいまいな整理しかできない状態になります。

　コウモリからのメールのように、どのフォルダーにも分類できないメールは必ずあります。**つまりフォルダー分けによるメールの整理は万能ではなく、かえって未整理のメールを残す原因になるのです。**

　アウトルックの機能を上手に利用すれば、フォルダー分けしなくてもメールを整理し、必要なメールをすぐに取り出せます。この章では、その方法を紹介します。

COLUMN　パソコンスキルと電車乗り換えスキルは比例する?

　ショートカットキーのセミナーを繰り返していくなかで、自発的に改善を進める人とそうでない人がいることに気づきました。「なんとなく学びたい人」と「絶対に習得したい人」の違いはどこにあるのでしょう。

　そんなことを考えていたある日、私自身の時間の使い方を振り返ってみる機会がありました。そして、自分は1秒でも多く、趣味や好きな業務に時間を使いたいという思いが強く、それが結集して働き方が決まっていることがわかりました。

　そこで、1日のなかでも最も制約の大きい朝の時間の使い方を調べれば、相手の働き方に対する意識がわかるのではないかと、セミナーのたびに「あなたは、通勤で乗る電車の車両の位置を決めていますか?」という質問をしてみました。

　この結果、決めていない人が約3割。偶然かもしれませんが、その人たちはショートカットキーの習得数が少ないという相関がありました。

　ここでお伝えしたいのは、電車に乗る位置を決めていない人は意識が低いということではなく、PCスキルはビジネスにおける筋トレの一要素なので、目的地(達成した姿や目標)があると、本気になれるということです。なんとなく電車に乗る、なんとなくショートカットキーを学ぶのではなく、目標を描くと、さらなる伸びしろがでてくるかもしれません。

2 検索≪整理 の構造を破壊せよ！検索は整理を兼ねる！

「カテゴリー検索」と「キーワード検索」どちらを使うか？

　フォルダー分けせずにメールを整理する方法はとても簡単です。1つのフォルダーにすべてのメールを入れて、検索できるようにすればよいのです。

図4-1　どちらを使って情報を入手しますか？

　上の図はヤフーのカテゴリー検索（2018年にサービス終了済み）とグーグルのキーワード検索の画面です。あなたはネットの情報を検索するときに、どちらを使いますか？

　大半の人は、キーワード検索を使うでしょう。目的の情報のキーワードがわかっていれば、そのほうが簡単で時間もかからないからです。メールも、「こうもり問題」の発生しやすいフォルダー分けはせずに、検索しやすいように1つのフォルダーに保存し、必要なときにキーワード検索するのが最速の整理術なのです。

　次の節からはメールを1つのフォルダーに保存し、検索機能で必要なメールを手早く表示するにはどうしたらよいかを説明していきます。

COLUMN　小学生でパソコンを破壊！

「なぜ理系に進んだのですか？」という質問をされるたびに、私は「小学4年生のころに、パソコンを分解して組み立て直したからです」と答えています。

私が小学4年生のとき、ウィンドウズ95の登場によってパソコンブームが到来。父もボーナスを投じてパソコンを購入した一人でした。

当時、我が家ではゲームや漫画は禁止され、楽しみといえば目の前に流れる川でエビを捕まえ、食卓に並べて両親に褒めてもらうことでした。そんな少年の前に現れたのが、インターネットにつながる、ゲームもできる、動画も見られる、メールもできる衝撃的なハコ（パソコン）でした。そのハコを見た私は、どうしても中身が気になり、分解して1つ1つの部品の役割・構造を調べることに熱中しました。

そこまではよかったのですが、分解してしまったからには戻さなければなりません。父に『見てわかるパソコン解体新書』（大島篤著、ソフトバンククリエイティブ）という書籍を購入してもらって自習し、知識を蓄えました。こうして分解したハコを元の姿に戻すことに成功したのです。

のみならず、あと数万円あればパソコンの能力を増強できることもわかり、父に「パソコンの能力を倍にするから、あと数万円くれないか」と交渉しました。父が「やってみろ」とチャンスをくれたおかげで、パソコンの自作に挑戦して成功。この経験が契機となり、「第二のビル・ゲイツになりたい！」という夢を持つようになったのです。

文系、理系というように分けて考えると、現在、私は文系の仕事をしています。しかし、父が与えてくれた機会のおかげで、理系の勉強をし、アウトルックの操作を研究し、ショートカットキーをマスターして、自分の知識をたくさんの人に伝えられるようになりました。これが本書の出版にもつながっています。父にはとても感謝しています。

3 受信トレイには未処理のメールだけを残す

受信トレイは郵便受けと同じ役割で使う

　検索しやすいようにメールを1つのフォルダーに保存するというのなら、受信トレイに入れたままにすればいいのではないか、とも考えられます。実際に、数千件のメールを受信トレイに残している人もいます。

　しかし、この使い方はおすすめできません。受信トレイは、一般の郵便物でいえば郵便受けだからです。年賀状が郵便受けに届いたときのことを思い出してください。年賀状を取り出して目を通したあと、郵便受けに戻す人はいないはずです。読んだ年賀状は引き出しにしまったり、専用のファイルに入れたりするでしょう。

「この人には年賀状を送り忘れたから、あとで寒中見舞いを書こう」という年賀状は手近な場所に置くかもしれません。いずれにしても、郵便受け以外に保存するのが普通です。

　メールの場合も同じです。**読んだメール、対応が終わったメールは別の場所に格納するようにしてください。こうすると、受信トレイには未処理のメールだけが残ります。**

　その結果、受信トレイがTo Doリストの役割も持つようになり、受信トレイを見るだけで次に何をすべきかがわかるようになります。

4 整理をしないでアーカイブを活用するのが一番速い

「メールは削除しない」が一番速い

　受け取ったメールは受信トレイに放置しない、という話をしましたが、フォルダー分けもしない、受信トレイにも残さないとなったら、いったいメールをどこに置けばよいのかということになります。

　すべてのメールを検索できる形で保存するには、フォルダーを1つ作って、読んだメール、対応が終わったメールをそこに入れます。本書では、このフォルダーに「アーカイブ」という名前を付けます。

　アーカイブは、文書の保管場所といった意味です。複数のファイルを1個にまとめたものという意味もあります。といっても、アウトルックで用意するアーカイブは、何か特別な機能を持つフォルダーではありません。普通にフォルダーを作るだけです。

　さて、読んだメールすべてをアーカイブに保存するとなると、「不要だと思ったメールも保存するのか」、「メールの削除はいつ行ったらよいのか」という疑問が生じることでしょう。答えは簡単です。メールは削除しません。

　メールを削除するには、削除してよいかどうかを都度判断する必要がありますが、この時間がもったいない。==判断せずにアーカイブフォルダーに移動することに決めておけば、迷ったり、考えこむことなく作業を進められます。==なお、まったく見ないにもかかわらず頻繁に送られてくるダイレクトメールなどは、削除ではなく配信停止にしてしまいましょう。

　ただし、例外があります。もし、メールボックスの容量が少なかったら、その容量に収まるように、容量が大きい不要なメールについては削除をしてください。メールボックスの空きがどれくらいあるかは、［ファイル］タブを開き、左の欄で［情報］を選んで「メールボックスの設定」または「メールボックスの整理」を見るとわかります。

アウトルックをカスタマイズしよう！

簡単3Stepで最速で使えるアウトルックに進化させる

　ここまで説明してきたように、メールはアーカイブフォルダーを活用することで、どのフォルダーに分けるか考えることなくスピーディに整理できるようになります。さらに、必要なメールがすぐに見つかるように検索条件を設定しやすくすれば、フォルダーを開いて目視でメールを探す手間も省けます。

　このようにメールを処理するためには、次の3つの準備が必要です。

1．アーカイブフォルダーを作る
2．メールをアーカイブフォルダーに入れるクイック操作を設定する
3．検索の軸を追加設定する

Step 1　アーカイブフォルダーの作成

　では、1つずつ実際に行っていきます。最初はアーカイブフォルダーの作成です。[Ctrl] + [Shift] + [E] を押して、新しいフォルダーを作ります。なお、会社のポリシーやバージョンにより、すでにアーカイブフォルダーが作成されている場合には、Step 2から進めてください。

「名前」の欄に「アーカイブ」と入力します。フォルダーをたくさん作ってある場合は、「*アーカイブ」のように、先頭に任意の半角記号を入れると、受信トレイのすぐ下に「アーカイブ」フォルダーを置けます。フォルダーの並び順は、名前の先頭が半角記号→半角英数字→全角の日本語（文字コード順）の順です。したがって、半角の「.」（ドット）や「*」（アスタリスク）のような記号を名前の先頭に付けると、受信トレイのすぐ

図4-2　フォルダーの名前と場所を指定

下になるのです。今後、最もよく使うフォルダーですので、一番利便性の高い場所にアーカイブを配置しておきましょう。

　名前の入力ができたら、念のために作成場所も確認してください。「フォルダーを作成する場所」で［受信トレイ］が選択されていれば、受信トレイのなかに作るという意味です。

　最後に［Enter］を押すと「アーカイブ」という名前のフォルダーができます。

　なお、容量制限や、自動削除など会社のルールによって、メールの保存先を、個人用Outlookデータファイルのフォルダーにしており、受信トレイのすぐ下にアーカイブフォルダーを作成するのが適していない場合には、普段使っている個人用Outlookデータファイルのフォルダーの下にアーカイブフォルダーを作成してもかまいません。その場合は、「フォルダーを作成する場所」として［受信トレイ］ではなく、個人用Outlookデータファイルのフォルダーを指定してください。

仕事にスピードが生まれるメールの整理法　第4章　73

Step 2　クイック操作の設定

　クイック操作は、日常、よく行う定型の操作を登録して手軽に実行できるようにする機能です。ここでは、メールを先ほど作成したアーカイブフォルダーに移動する操作を登録します。クイック操作については、第5章でも詳しく解説します。

　[ホーム] タブを開くと、中央のあたりに [クイック操作] というグループがあります。そのなかの [新規作成] をクリックします。

図4-3　[ホーム] タブから [新規作成] をクリック

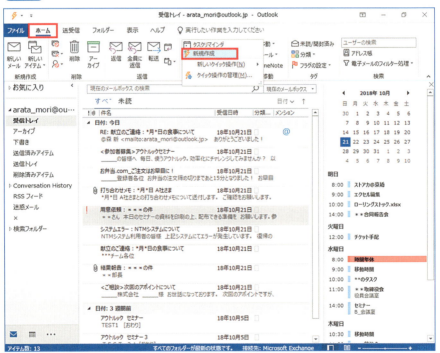

「クイック操作の編集」画面で「名前」の欄に「アーカイブへ」と入力します。次に「アクションの選択」の欄をクリックして、[フォルダーへ移動]を選びます。フォルダーを選択する欄が表示されるので、[フォルダーの選択]をクリックして[アーカイブ]（または[その他のフォルダー]→[アーカイブ]）を選んでください。

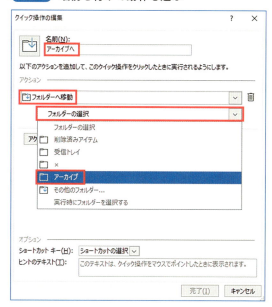

図4-4 名前を付けて動作を選ぶ

ショートカットキーも設定します。画面の下部にある「ショートカットキー」欄で[ショートカットの選択]の文字をクリックし、アーカイブフォルダーへの移動に割り当てるショートカットキーを選んでください。図では[Ctrl + Shift + 1]を選んでいます。[完了]をクリックすると、クイック操作の登録が完了します。

なお、Office365のアウトルックで、最初から作ら

図4-5 ショートカットキーを選んで完了！

仕事にスピードが生まれるメールの整理法　第4章　75

れているアーカイブフォルダーを利用する場合は、クイック操作を設定せずに［Back Space］キーを押してアーカイブに格納することもできます。

> **Step 3　検索の軸を設定する**

　3つ目の準備として、検索の軸を設定します。検索のショートカットキーは［Ctrl］＋［E］で、このキーを押すと検索ボックスにカーソルが移動します。たとえば「田中さんから来たメールを探したい」ということで「田中」と入力したとしましょう。そうすると、「田中」というキーワードが入ったメールがズラッと表示されます。このときに見つかるのは、差出人が「田中」だけでなく、CCや宛先、件名に「田中」が含まれるメール、本文に「田中」が入っているメールです。これでは検索の精度が低く、このなかから目的のメールを見つけるのはやっかいです。

　そこで検索の軸を追加設定します。==アウトルックでは、「差出人が田中」というように検索の条件を指定できます。検索に使う条件の欄を追加設定しておけば入力しやすくなります。==

図 4-6　**検索の軸で探すのが簡単に！**

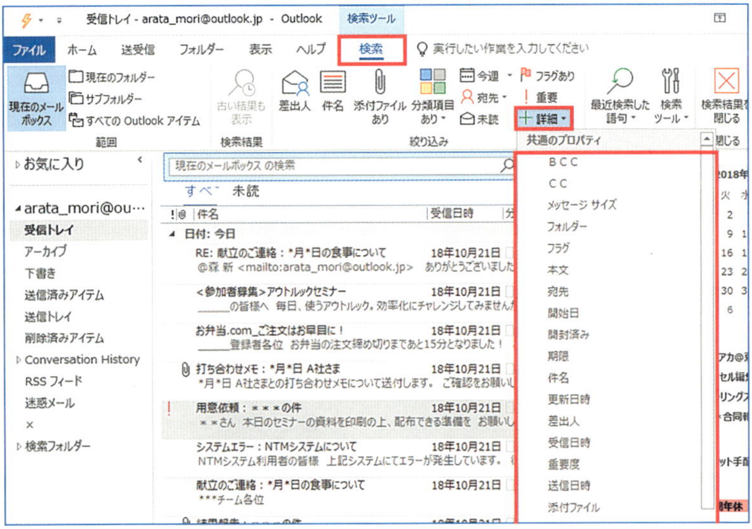

検索の軸となる条件の欄を表示する方法ですが、まず、[Ctrl] + [E] を押します。そうすると、検索ボックスにカーソルが移動すると同時に [検索ツール] の [検索] タブが選択された状態になります。そのなかの [絞り込み] グループの [詳細] をクリックしてください。共通のプロパティとして、20個ほどのプロパティが表示されます。このなかから、[件名]、[差出人] など頻繁に使う検索条件を選びます。

図4-7　よく使う検索条件を選ぶ

　では「件名」を追加してみましょう。[詳細] のなかの [件名] をクリックします。

仕事にスピードが生まれるメールの整理法　第4章　77

図4-8　「件名」の軸が追加された！

「件名」の欄が追加されました。続いて［詳細］を開いて［差出人］もクリックします。

図4-9　検索条件が設定しやすくなった

「差出人」の欄も表示されます。同じようにして「宛先」や「添付ファイ

ル」の欄も追加しました。「添付ファイル」の欄をクリックすると、[はい]、[いいえ] を選べます。このように検索に使う条件の欄は複数設定できるので、業務に合わせてよく使うものを選んでください。==設定した検索条件の入力欄は、[Ctrl]＋[E] を押すと以後は必ず表示され、検索条件を細かく指定するのに役立ちます。==不要になったら、各欄の右端の [×] をクリックすると削除できます。

COLUMN　副業とLGBTは本質的に同じもの

　私の生家は水道が通っていませんでした。そして兄は障碍を持っています。「普通」とは異なる、いわば多様性に富んだ土地や家庭で育ったと言えるでしょう。このおかげで、多様性（ダイバーシティ）の重要性を肌感覚で認識することができたと自負しています。

　多様性は、近年、企業においても重要視されるようになってきました。そこで、ここでは多様性という観点から副業とLGBTについて考察をしてみたいと思います。

　副業とLGBTとは、まったく関連のないことのように思えるでしょう。しかし、「多様性」という視点からこの2つを見ると、LGBTは性の多様性であり、副業は時間使途の多様性と表現できるのではないでしょうか。

　多様性という点においては、副業もLGBTも本質的には大きく違うものではないと私は考えています。

　では、このような個人の持つ多様性に、企業は介入すべきなのでしょうか。

　ここで話を副業に絞ると、就業時間内において、企業に対して成果をコミットするのは大前提だとして、就業時間外や休日は個人の多様性を生かすべき時間のはずです。

　副業解禁のメリット・デメリットが論じられることがありますが、多様性という点から捉えれば、これは不毛な議論でしかありません。社員をどのように信じて、各人の多様性を生かしつつコミットしてもらえるかを考えるべきなのではないかと思います。

6 これが、最速メール整理術だ

アウトルックのスキルアップだけでこれだけ仕事をシンプルに

　朝一番にパソコンを起動し、アウトルックを開いたとしましょう。たくさんのメールが届いて未読の状態になっています。こんなときは、一番上のメールが選択された状態で［Enter］を押して開きます。

　メールを読んで、特にアクションを起こす必要がなければ、ショートカットキーを押してアーカイブフォルダーに格納します。読んだメールへの対応が必要なら、［Ctrl］+［>］を押します。これにより、読んだメールは受信トレイに置いたまま閉じて次のメールを開けます。

　この動作を繰り返していくと、読んで終わりのメールはすべてアーカイブに格納され、何らかの対処をしなければならないメールだけ、つまり"To Do"が受信トレイに残った状態になります。

　こうして仕事を続け、10時になりました。次のアポイントまでの内務作業に使える時間はあと1時間。この1時間で何をするべきかは、受信トレイを見ればわかります。受信トレイに残ったメールのなかで優先度と緊急度のバランスを見ながら着手すればよいわけです。

　このように、==アーカイブフォルダーでメールを整理すると、受信トレイがTo Doリストにもなり、効率よく仕事をする手助けをしてくれます。==

　私はちょっとしたタスクがメール以外から発生したときには、自分宛にぱっとメールを送信することがあります。To Doリストをポストイット等に書き出して机に貼っている人や、エクセルに転記している人もいますが、自分宛のメールを使って業務を進めれば、一番使うプラットフォームであるアウトルックにTo Doリストを統合できます。これなら情報が分散しないため、漏れを減らすことも可能になります。

第5章

もっと時短したい人のための
スーパーテクニック集

1 検索フォルダー機能で「メール検索」も卒業できる

「よく検索する条件」は保存する

　第4章で、メールのフォルダー分けが非効率であり「こうもり問題」の原因になるというお話をしました。そして、これを解消するためにアーカイブフォルダーを作り、処理済みのメールはすべてそこに保存することにしました。再読したいメールはアーカイブフォルダーのなかで検索をすれば、すぐに見つかります。

　この仕組みはわかりやすいのですが、「以前に受け取ったメールが必要になるたびに検索するのは大変そうだ」、「検索は面倒だから、やはりフォルダー分けのほうがよいのではないか」という考えも起こります。

　確かに以前のメールを読もうとするたびに、検索するのはやっかいです。ショートカットキーで検索ボックスにすばやくカーソルを移動したとしても、キーワードは入力しなければなりません。類似のメールと区別できるように複数キーワードを使うとなると、検索の軸を用意したとしても（76〜79ページ参照）検索の回数が増えれば面倒に感じるでしょう。

　しかし、この手間を省く解決策があります。**アウトルックにはアーカイブフォルダーに保存したメールを、あたかもフォルダー分けしたかのように表示できる機能があるのです。**これには「検索フォルダー」を使います。名前は「フォルダー」ですが、実態は検索条件を保存できるボタンのようなものです。たとえば、今まで顧客ごとにフォルダーを作ってメールを分けていたとしましょう。森株式会社から受信したメールは「森株式会社」フォルダーに入れるという具合です。ところがアウトルックの効率化を図るために、フォルダー分けをやめてすべてをアーカイブフォルダーに保存することにしました。「森株式会社」からのメールを表示するには、キーワードを「森株式会社」として検索すればよいわけですが、この検索条件を保存しておけば、

毎回「森株式会社」と入力しなくても、メールを検索できる。つまり「森株式会社」のフォルダーを開くのと同じことができるのです。

「森株式会社」の検索フォルダーは次のようにして作ります。

図5-1 検索フォルダーの作り方

［フォルダー］タブを開きます。［新規作成］グループの［新しい検索フォルダー］をクリックしてください。

「新しい検索フォルダー」の画面が表示され、さまざまな検索条件が選べます。ここでは「森株式会社」を条件としたいので、［特定の文字を含むメール］を選んで［選択］をクリックします。

図5-2 検索条件を選ぶ

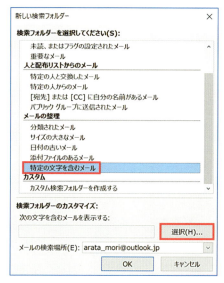

もっと時短したい人のためのスーパーテクニック集　第5章　83

図5-3 検索に使う文字を指定

「文字の指定」画面になるので、「[件名]または本文に含まれる文字」の欄に「森株式会社」と入力して、[追加]、[OK]の順にクリックします。

図5-4 フォルダーの追加

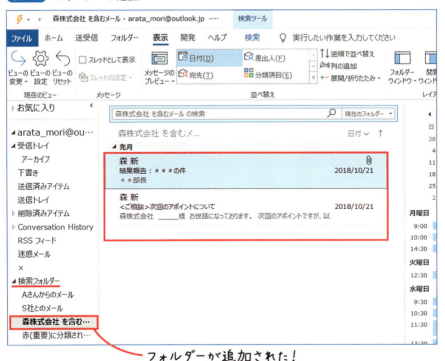

フォルダーが追加された！

フォルダーウィンドウの「検索フォルダー」に「森株式会社を含むメール」が追加されました。これをクリックすると、「森株式会社」が含まれるメールだけを表示できます。検索フォルダーが不要になったら、右クリックして［フォルダーの削除］を選べば削除できます。検索フォルダーを削除してもメールは削除されません。

> **COLUMN　ショートカットキーの覚え方　シフト編**
>
> 　ショートカットキーは数百個もあり、1つ1つを覚えようとしてもきりがありません。よい覚え方がないかと私なりに研究した結果をお伝えします。ここでは［Shift］の使い方のポイントを説明します。
> 　［Shift］を使うショートカットキーには2つのポイントがあります。
>
> **1．［Shift］を追加するとルールが「シフト」する**
> 　たとえば、アウトルックでは［Ctrl］+［R］が差出人個人への返信のキーです。これに［Shift］を加えると全員への返信になります。パワーポイントでも［Ctrl］+［G］でグループ化オン、［Shift］を加えるとグループ化オフになります。このように、いつものキーに［Shift］を追加するだけで、別の機能が使えることがあります。これを覚えておけば、「［Shift］を加えると〇〇ができるのでは？」と勘が働くようになるはずです。
>
> **2．［Shift］に刻印されている「↑」の意味を知る**
> 　多くのキーボードでは［Shift］のキーには「↑」も刻印されています。この上向きの矢印の意味を知っていますか？
> 　キーには上下に文字や記号が刻印されています。数字の［1］には「1」と「！」があるという具合です（「ぬ」も刻印されていますが、ここでは関係がないので省きます）。半角英数モードで「！」と入力したいときは、［Shift］を押しながら［1］を押しますよね。［Shift］には、キーの上側に刻印されている文字や記号を入力するという働きがあるのです。これがわかれば、［Ctrl］+［Shift］+［;］というショートカットキーは、［Ctrl］+［+］と同じだと理解できるようになります。つまり［Shift］を使う3手のキーは2手に置き換えて、より簡単に覚えられるわけです。

2 「クイック操作」機能で日常業務が3倍速になる

1分で作れるアウトルック版超簡易マクロ

　第4章で、受信したメールをアーカイブフォルダーに移動するクイック操作を登録しました。この章ではクイック操作をさらに便利に使うワザを紹介します。

　その前に、クイック操作について復習しておきましょう。**クイック操作は繰り返し行う操作を自動化する機能です。**いわばアウトルック用の簡易マクロのようなものですが、エクセルなどのマクロと違って特別な知識がなくてもだれでも簡単に設定できます。作業の時短を図るのに効果がある機能なので、ぜひ覚えてください。

　クイック操作は、メール画面の［ホーム］タブの中央のあたりにあります。新しくクイック操作を登録する場合は、このなかから［新規作成］をクリックします。

　そうすると、「クイック操作の編集」画面が表示されます。「アクション」の欄をクリックすると、20通りくらいの操作から、登録する操作を選べます。画面の下部にある「ショートカットキー」欄を利用すれば、ショートカットキーを9個まで割り当てることも可能です。詳しい操作方法は74〜76ページをご覧ください。

　次の節から、クイック操作の使用例を2つ紹介していきます。

「クイック操作」
Case1

自動で宛先を入れて、チーム全員にメールを転送したいとき

　業務上で重要なメールを受け取り、それをチーム全員に転送して共有したいということがよくあります。このときに、その都度、宛先を入力するのが一般的かもしれませんが、それでは効率が悪い。チームのメンバーが決まっていたら、チームへ転送するためのクイック操作を作っておくと時短になります。

　チームへ転送をするクイック操作を登録してみましょう。

図5-5 クイック操作を登録しよう！

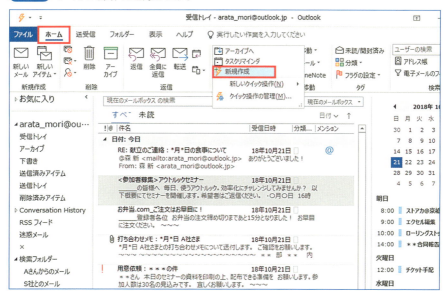

　［ホーム］タブを開き、［クイック操作］で［新規作成］をクリックします。

もっと時短したい人のためのスーパーテクニック集　第5章　87

図5-6 名前を付けて転送を選ぶ

「クイック操作の編集」画面になるので、「名前」の欄にこれから登録するクイック操作の名前を入力します。ここでは「グループへ転送」としました。次に「アクションの選択」の欄をクリックして［転送］を選びます。

図5-7 転送する相手を登録！

（必要に応じて）
ショートカットキーを設定する

「宛先」の欄にチームのメンバーを登録します。［完了］をクリックするとチームへの転送のクイック操作が登録できます。

なお、ショートカットキーを割り当てたい場合は、オプションの「ショートカットキー」の欄で選択してください。

受信したメールをチームに転送するには、対象のメールを選択して［ホーム］タブの［クイック操作］の［グループへ転送］をクリックします。

図5-8 ［グループへ転送］をクリック

自動的に転送の画面が立ち上がり、宛先としてチームのメンバーが入った状態になります。本文を入力するなどして、［Ctrl］＋［Enter］で送信します。

図5-9 ［Ctrl］＋［Enter］で送信

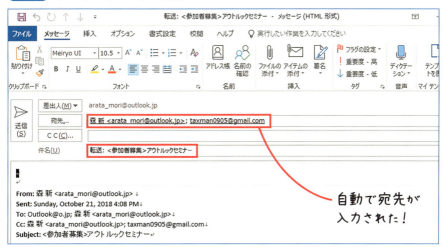

COLUMN 私が業務中に最も使うショートカットキー

　私が最もよく使うショートカットキーは、[Windows] + [R] です。このキーを押すと「ファイル名を指定して実行」画面が表示され、どの画面、どのアプリを使っていても、開きたいウェブページやフォルダーに一瞬で移動できます。

　フォルダーのショートカットアイコンをデスクトップに置くと、すぐにアクセスできて便利、という説明を聞いたり見たりしたことがあるでしょう。実際にデスクトップにアイコンを置いている人もいるかもしれません。工夫としては素晴らしい方法です。しかし、考えてみてください。アウトルックやエクセルなどのアプリを画面いっぱいに広げているとしたら、デスクトップ画面に切り替えて、アイコンをダブルクリックしなければ、フォルダーを開けません。案外と手間がかかります。

　こんなときに [Windows] + [R] を使えば、デスクトップを経由せずに、キーボードだけでフォルダーにジャンプできるのです。

　使い方は次のとおりです。

初回
1．頻繁にアクセスするフォルダーの保存場所やウェブページのアドレスをコピーする。
2．[Windows] + [R] を押して「ファイル名を指定して実行」画面を表示し、[名前] 欄をクリックして貼り付けを実行する。
3．[Enter] を押すとフォルダーやページに移動する。

2回目以降
1．[Windows] + [R] を押して [ファイル名を指定して実行] 画面を表示する。
2．[名前] 欄が選択されているので、[Alt] + [↓] を押して、移動先の履歴を表示する。
3．矢印キーで移動先を選択して [Enter] を2回押す。

「クイック操作」
Case2

自動で返信に必ず上司をCCに入れて本文を「お世話に〜」で書きはじめたいとき

　組織のルールとして、組織の外のメールを返信する際には必ず上司を「CC」に入れ、本文は「お世話になります。」から始めることになっている企業や団体なども数多くあります。これもクイック操作で時短が図れる典型的な例です。返信画面を表示すると、「CC」に上司のアドレスが入り、本文の冒頭に「お世話になります。」という文章が入力された状態になるようにできるのです。このクイック操作を作ってみましょう。

図5-10　クイック操作 Case 2

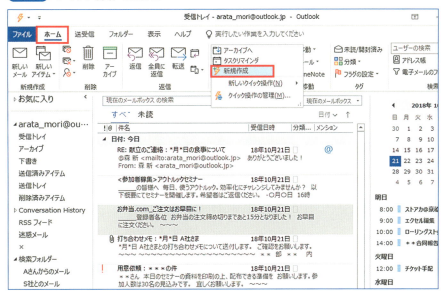

　［ホーム］タブを開き、［クイック操作］で［新規作成］をクリックします。

図5-11 ［オプションの表示］をクリック

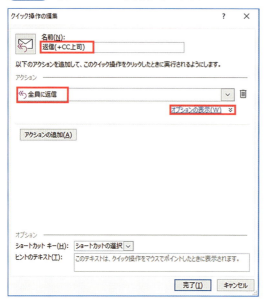

「クイック操作の編集」画面になるので、「名前」の欄に「返信（＋CC上司）」と入力します。次に「アクションの選択」の欄をクリックして［全員に返信］を選びます。そうすると［オプションの表示］という文字が現れるので、これをクリックします。

図5-12 アドレスとあいさつを設定

オプションのなかの［CCの追加］の文字をクリックして、上司のメールアドレスを入れます。続いて、「テキスト」の欄に「お世話になります。」のように冒頭のあいさつを入力します。入力ができたら［完了］をクリックすれば、登録ができます。

組織の外から受け取ったメールに返信をするときには、メールを選択して[ホーム]タブを開き、[クイック操作]から[返信（＋CC上司）]をクリックします。

図5-13 [返信（＋CC上司）]をクリック

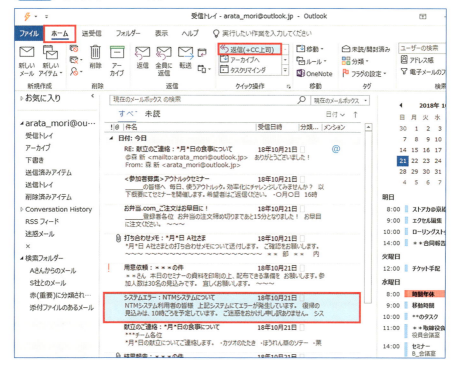

自動で、「CC」に上司が入り、かつ本文に「お世話になります。」と入ったメールが表示されます。

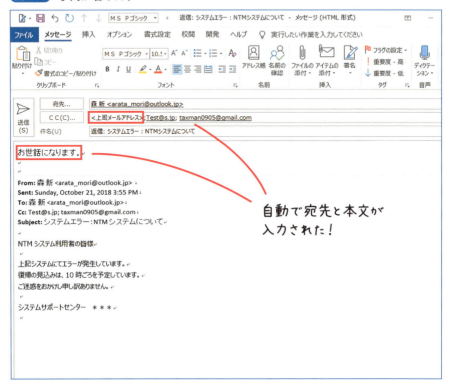

図5-14　手間が省けた！

　このように、いつも行う定型の操作をクイック操作に登録しておけば、手入力したり何度もボタンをクリックする手間が省けて、生産性の向上につながります。

5 超便利な「oftファイル」機能

「●●さんって今何していますか?」が3秒で確認できる

「部長は今お席にいらっしゃいますか？」「次長は何時にお戻りですか？」「課長が出席なさっているミーティングは何時までですか？」など、内線、外線を問わず、電話でほかの人のスケジュールを尋ねられることがあります。

アウトルックの予定表でスケジュールを共有している場合は、このような電話を受けるたびにアウトルックの予定表に移動し、部長や課長の予定を確認して答えるという操作を行うことになります。

この工程をもっと短縮してみましょう。これには「oftファイル」を使います。「oft」はアウトルックのテンプレートファイルの拡張子です。もう1つ利用するのがアウトルックの会議画面です。会議画面は、それを開いた日時に合わせてスケジュールを表示します。この2つを組み合わせると、そのときのスケジュールが一目でわかるようになります。

まず、テンプレートファイルを作ります。[Ctrl] + [Shift] + [Q] を押して会議画面を表示します。

図5-15 oftファイルを使ってみよう！

「宛先」の欄に頻繁にスケジュールを確認する職場のメンバーのアドレスを入力します。「件名」には、ほかのファイルと区別しやすい名前を入力します。次に、このファイルを保存するためにファイル名を付けて保存するためのキーの［F12］キーを押します。

図5-16 ［F12］キーで保存

「ファイル名を付けて保存」画面になるので、「ファイルの種類」の欄をクリックして［Outlook テンプレート］を選びます。次にファイルの保存先を指定します。図ではデスクトップにしています。ファイル名は、先ほどの件名と同じ「自部署メンバースケジュール確認」にしておきましょう。最後に［保存］をクリックします。続いて［Esc］を押すと「会議出席依頼の処理を選択してください」という画面になるので、［OK］をクリックします。

デスクトップに oft ファイルが保存できました。これをダブルクリックすると開けます。

図5-17 oft ファイルが保存できた

図5-18 メンバーの予定がすぐわかる！

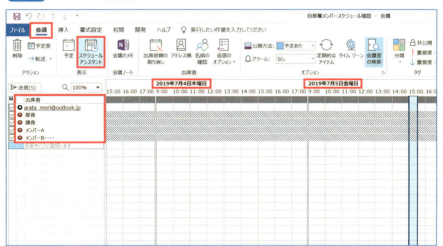

会議画面になり、その日の日付、そのときに近い時間が表示されます。［会議］タブを開き、［表示］グループの［スケジュール］または［スケジュールアシスタント］ボタンをクリックすると、そのときのメンバーのス

もっと時短したい人のためのスーパーテクニック集　第5章　97

ケジュールが一目瞭然です。これなら電話での問い合わせにもスピーディに答えられますね。

　会議室の管理をアウトルックの予定表機能で行っている組織では、アウトルックのテンプレートファイル機能で、会議室の空きの確認もできます。設定する方法は、スケジュール確認のためのテンプレートファイルを作ったのとほぼ同じです。
　まず、［Ctrl］＋［Shift］＋［Q］を押して、会議画面を表示します。「宛先」欄に会議室一覧のアドレスを入力します。「件名」は、「会議室一覧」としてみましょう。そして、保存のために［F12］キーを押します。
「ファイル名を付けて保存」画面になったら、「種類」欄をクリックして［Outlook テンプレート］を選びます。保存先としてデスクトップを選び、「名前」の欄に「会議室一覧」と入力して、［保存］をクリックします。［Esc］を押すと「会議出席依頼の処理を選択してください」という画面になるので、［OK］をクリックします。
　会議室の空きを確認したいときは、デスクトップにある「会議室一覧」というアイコンをダブルクリックして開きます。［会議］タブを開き、［表示］グループの［スケジュール］または［スケジュールアシスタント］ボタンをクリックすると、そのときの日時に合わせて会議室の使用状況が表示されます。
　なお、予定とスケジュールアシスタントをキーで切り替えることもできます。［Ctrl］＋［Page Up］と［Ctrl］＋［Page Down］を押すと交互に切り替わります。

クイックパーツ機能で、いつものメール文章が一瞬で出せる!

定型文はすべて登録する

　メールでよく使う「お世話になります。」のような定型文を登録し、「おせ」のような読みで即座に変換できるようにすると入力にかかる時間を短縮できます。これには単語登録の機能を利用します。登録方法は123ページからの「Ctrl + F7 = 辞書登録」をご覧ください。単語登録のメリットは、一度登録すれば、アウトルックだけでなくエクセルやワード、パワーポイント、あるいはウェブでの入力などほかのアプリケーションでも使えることです。

　その一方、単語登録には弱点もあります。長い文章や改行を伴う文章は登録できないことです。単語登録で登録できる語数は約60文字です。これを超える文章は登録できません。

　ところが、メールには長い文章、改行を含む文章でも定型のものが数多くあります。これを毎回、入力していては作業時間が長くなるばかりです。

　単語登録で登録できない定型文を登録したいときに役に立つのが「クイックパーツ」です。クイックパーツには改行を含む数行分の文章を登録したり、書式を設定した会社名とロゴのように画像を含めた情報を登録することもできます。ここでは例として

　　「先ほど送付させて頂きましたメールの添付ファイルの
　　パスワードは、＊＊＊＊＊＊です。
　　ご確認の程、宜しくお願いします。」

という、メールでよく使う文章を登録してみることにしましょう。

図5-19 定型文を入力&選択して [Alt] + [F3]

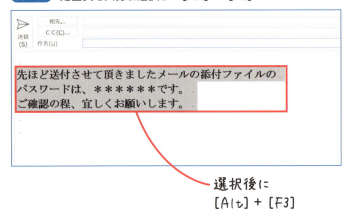

選択後に
[Alt] + [F3]

　メールの新規作成の画面を開いて本文に登録する文章を入力し、その範囲を選択します。選択方法ですが、入力が終わって文末の「。」の右にカーソルがある状態で、[Shift] + 左矢印キーを押して先頭まで戻ってくると、キー操作で入力した範囲を選べます。

　文章を選択したら [Alt] + [F3] を押してください。

図5-20 名前を付けて登録！

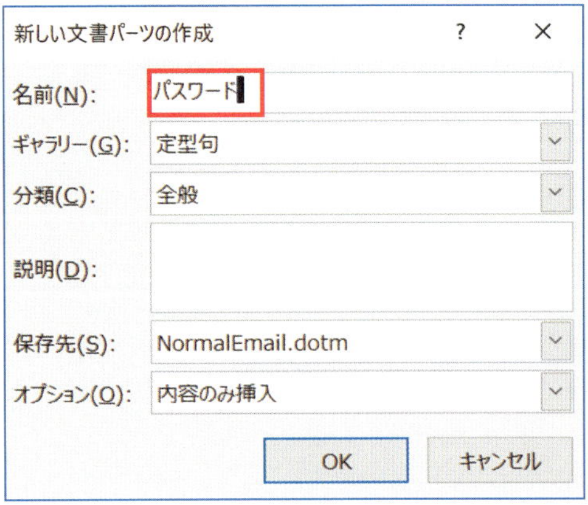

「新しい文書パーツの作成」画面になります。「名前」の欄には入力した文章の最初の数文字が表示されていますが、これを覚えやすい名前に上書きしてください。今回の例ではパスワードを送るメールの文章なので「パスワード」としています。名前を入力したら [Enter] を押せば登録が完了です。

　登録した文章は、名前を入力して変換を確定してから [F3] を押すと挿

入できます。アウトルックのバージョンによっては、変換を確定してからもう一度 [Enter] を押して挿入することもできます。

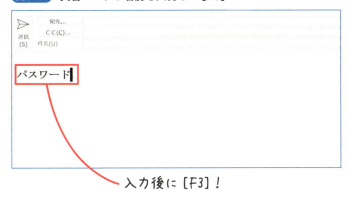

図5-21 文書パーツの名前を入力して [F3]

入力後に [F3] !

[F3]
↓

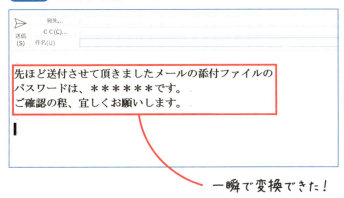

図5-22 定型文に変換できる！

一瞬で変換できた！

　登録した文章が間違っていた場合には、次のようにすると間違えた文章を削除できます。削除してから正しい文章を登録し直してください。

メールの作成画面で［挿入］タブを開き、［クイックパーツ］をクリックして［定型句］にポインターを合わせると、登録してある文章が表示されるので、任意の位置で右クリックして［整理と削除］を選びます。

図5-23　［整理と削除］を選ぶ

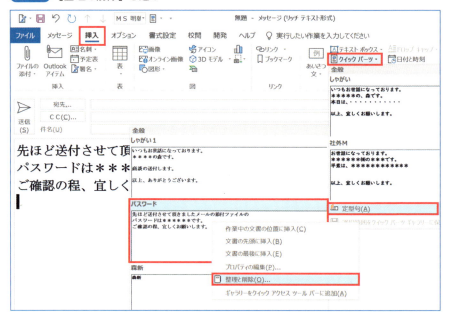

　この操作は、メールがテキスト形式では行えません。［定型句］にポインターを合わせても何も表示されない場合は、［書式設定］タブを開いて［HTML］または［リッチテキスト］をクリックしてからやり直してください。

図5-24 文書パーツを選んで[削除]をクリック

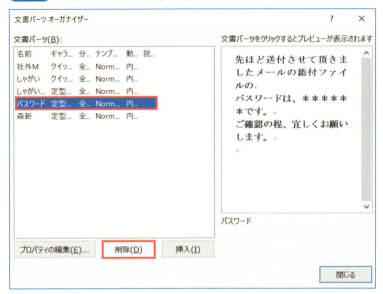

登録してある文書パーツのなかから削除する文書パーツを選択して[削除]をクリックします。

確認画面で[はい]をクリックすると、文書パーツが削除されて「文書パーツオーガナイザー」に戻るので[閉じる]をクリックします。

図5-25 [はい]をクリックして削除

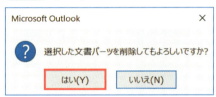

このようにクイックパーツは登録も削除も簡単なので、メールで頻繁に使う文章を気軽に登録してみましょう。

クイックパーツの注意点は、==単語登録と違ってアウトルック以外のソフトウェアでは登録した文章を挿入できないことです。== クイックパーツと単語登録のメリットとデメリットを考えながら、場面に応じてそれぞれを上手に生かしてください。

7 「1分後送信ルール」で送信の事故を減らす

仕分けルールと通知機能でミスが消える

　ショートカットキーを覚えると作業時間が短縮できますが、キーを1回押しただけでうっかり書きかけのメールや誤ったメールを送信してしまうというミスも起こります。そこで、誤送信を防ぐためのルールも作っておきましょう。メールを送信するために［Ctrl］+［Enter］を押すと、メールは送信トレイに入り、1分たったら実際に送信するというルールです。キーだけでなく［送信］ボタンをクリックしたときにも同じになります。
　この設定は「仕分けルールと通知の管理」の機能を使って次のように行います。

図5-26 「仕分けルールと通知の管理」を開く

［ファイル］タブを開きます。左の欄で［情報］を選択し、右の欄の［仕分けルールと通知の管理］をクリックします。

「仕分けルールと通知」画面になるので、［新しい仕分けルール］をクリックします。

図5-27 ［新しい仕分けルール］をクリック

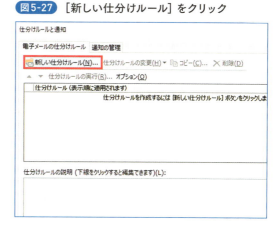

「自動仕分けウィザード」画面になるので、［送信メッセージにルールを適用する］を選択して［次へ］をクリックします。

図5-28 送信メッセージにルールを適用する

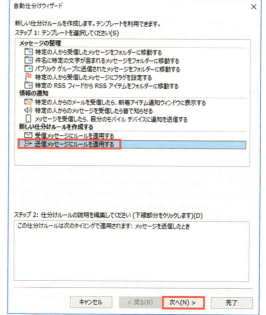

もっと時短したい人のためのスーパーテクニック集　第5章

図5-29 何も選択せずに [次へ]

次に「条件を指定してください」という画面になります。ここでは、何も選択せずに [次へ] をクリックします。条件を指定しないことですべての送信メールが対象になります。「この仕分けルールはすべての（送信メッセージ）に適用されます。よろしいですか？」と表示されるので、[はい] をクリックしてください。

図5-30 配信時間を指定する設定を選ぶ

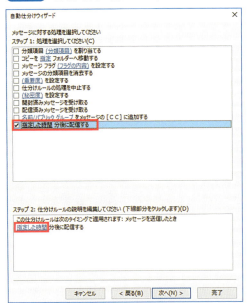

「メッセージに対する処理を選択してください」のステップ1の一覧で [指定した時間 分後に配信する] をクリックして選択します。ステップ2の欄で [指定した時間] という文字をクリックします。

「配信時間の指定」画面が表示されます。配信が「1分後」になっているので、そのまま［OK］をクリックします。

図5-31 1分後に配信

元の画面に戻るので［次へ］をクリックします。「例外条件を選択します」の画面になるので、ステップ1の欄で例外とする条件を指定するために［［件名］に特定の文字が含まれる場合を除く］を選びます。ステップ2の欄で［特定の文字］という文字をクリックします。

図5-32 ルールに例外を設ける

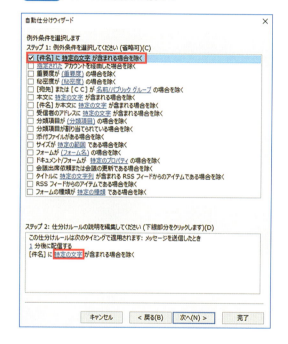

「［件名］に含まれる文字」の欄に全角の空白を3つ入力して［追加］をクリックします。同様に半角の空白も3つ追加しました。図は「●」も追加しているところです。追加が終わったら［OK］をクリックして画面を閉じます。

図5-33 例外にするための文字を指定

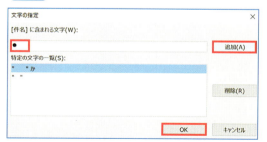

もっと時短したい人のためのスーパーテクニック集　第5章　107

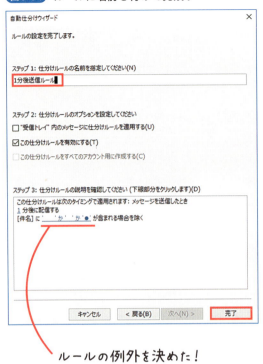

図5-34 ルールに名前を付けて完成！

ルールの例外を決めた！

「自動仕分けウィザード」の画面に戻るので［次へ］をクリックします。

「仕分けルールの名前を指定してください」の欄に名前を入力します。［完了］をクリックすると、このルールの実行についての確認画面になるので［OK］をクリックします。「仕分けルールと通知」の画面に戻ったら、［OK］をクリックします。

　これで、メールが1分後に送信されるようになります。1分間は送信トレイに保存されているので、「しまった！」と思ったら送信トレイから出せばミスを防げます。

　とはいえ、時には会議中に「至急、この最新のファイルを送ってください！」といわれることもあります。そんなときに「1分したら送信されますので」とノンビリ答えるわけにはいきません。このようなケースで威力を発揮するのが例外の設定です。

　即座に送信したいメールでは、件名に全角または半角の空白を3つ、あるいは「●」を入れておけば、［Ctrl］＋［Enter］を押すと、すぐに送信できます。

8 生産性が上がる「メールを自動で閉じる」設定

画面を増やさずに返信する

　受信したメールに返信する手順を復習してみましょう。受信トレイにあるメールは、選択して［Enter］を押して開きます。メールを読んで返信する場合は、［Ctrl］＋［R］（または［Ctrl］＋［Shift］＋［R］）を押すと返信の画面になります。返信内容の入力が終わったら、［Ctrl］＋［Enter］で送信します。

　マウスを使っていたときから比べて、ずっと効率よく作業が進むようになりました。しかし、これでもまだムダがあります。

　メールを開いて返信をすると、返信メールは送信後に送信済みアイテムに入って画面から消えます。しかし受信したメールのほうは残ったままです。テキパキとメールを開いて返信していけばいくほど、元のメールが開いた状態で残り、これを閉じるのに手間取ることになります。

　そこで、==返信が終わった画面は自動で閉じるように設定を変えます。こうすれば、開いたメールを閉じる操作が不要となり、その分、アウトルックに使う時間も短くなります。==

図5-35　返信したら画面が閉じる設定

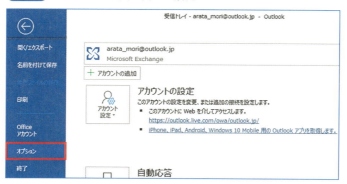

もっと時短したい人のためのスーパーテクニック集　第5章　109

［ファイル］タブを開き、［オプション］を選択します。

図5-36　これで画面が増えなくなる！

「Outlookのオプション」画面になるので、左の欄で［メール］を選びます。右の欄の「返信／転送」にある［返信／転送時に元のメッセージのウィンドウを閉じる］をクリックしてチェックを入れて、［OK］をクリックしてください。

これ以降はメールを開いた状態で返信画面を開くと、元のメールが自動で閉じるようになります。

第6章

もっと時短したい人のための
ショートカットキー上級編

1 Ctrl＋Alt＋R ＝会議の開催発信を1秒で呼び出す！

チームの生産性を上げることができる機能

　メールで打ち合わせ日時の調整をするのに役立つキー操作を紹介します。**受け取ったメールを選択した状態で、[Ctrl]＋[Alt]＋[R]を押してください。**これだけで、元のメールの差出人および「CC」のメンバーを「宛先」として、元のメールの件名や本文も引用した会議出席依頼の画面になります。

図6-1 打ち合わせ日時の調整に役立つキー

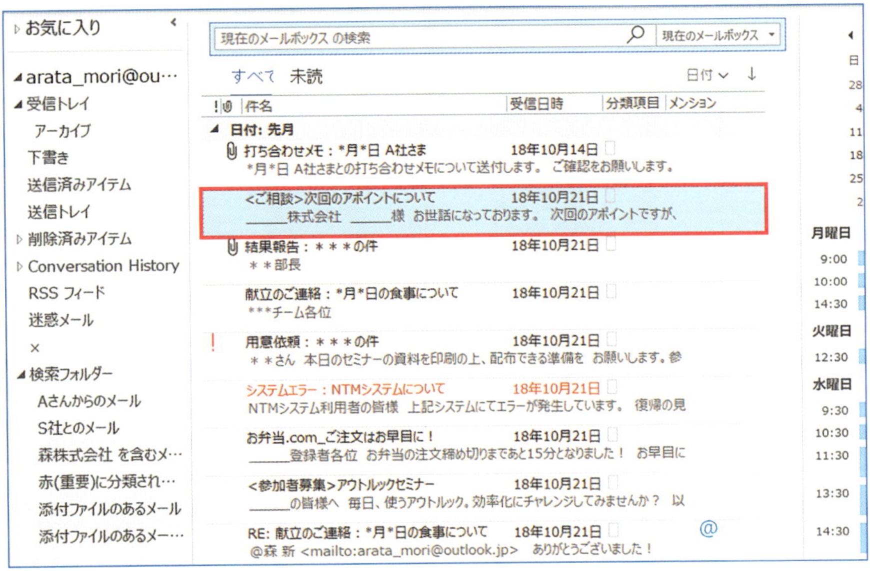

[Ctrl] + [Alt] + [R]
↓

図6-2 スピーディに出席依頼ができる！

　予定表機能を使いながら、メンバーや会議室のスケジュールを確認して日時を調整し、場所を入れて送信すれば、スピーディに会議出席依頼を送信できますし、受け取った側も本文にこれまでのメールの本文が反映されているので経緯を含めて会議開催通知の内容確認ができるため、効率がアップします。

2 Ctrl + Space
＝標準書式へ統一

コピペで起こったフォントの混在が1秒で整う

　メールのやりとりをしているうちに、いろいろなフォントの文面が入り混じることがあります。それぞれの人が異なるフォントを使っているためです。よく起こりがちなのが、受信したメールの本文の一部をコピーして返信の本文に貼り付けたところ、本文の一部だけが別のフォントになってしまうことです。

図6-3 フォントの入り混じりを解消しよう！

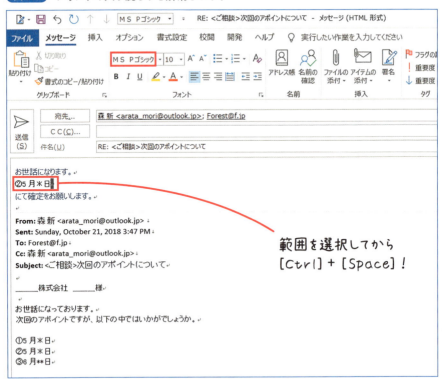

範囲を選択してから
[Ctrl] + [Space]！

[Ctrl] + [Space]
↓

図6-4 書式が統一される

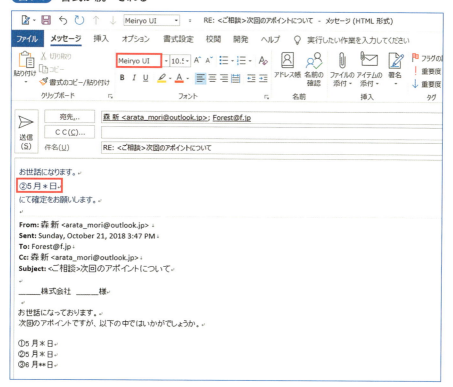

　左の図では、受信したメールが「MS P ゴシック」、自分のメールが「Meiryo UI」であるため、コピーした部分だけが「MS P ゴシック」になっています。メール本来の用件とは関係がないので、そのままにしても業務に支障はありません。しかし、受け手に配慮して「メイリオ」と「ゴシック」が混ざっているのが気になり、フォントを統一しているという人もいるでしょう。

　フォントの違いを一気に解消するのに便利なキーが[Ctrl] + [Space]です。==対象の範囲を選択して、このキーを押すと標準書式のフォントになり、==

==フォントを統一する手間が大幅に省けます。==このキーはパワーポイントやワードなど、ほかのオフィスソフトでも有効なので、ぜひ活用してください。

　範囲の選択にもキーを使うと、さらにスピードアップを図れます。選択したい範囲の先頭にカーソルを合わせて［Shift］を押しながら右矢印キーを押して選んでいきます。逆向きに選択したければ、［Shift］＋左矢印キーを使います。［Shift］と上下の矢印キーで行単位に選択することもできます。

　選択ができたら［Ctrl］＋［Space］を押してください。各種のフォントを一気に標準書式のフォントに揃えられます。

　標準書式のフォントがどこで設定されているかも確認しておきましょう。［ファイル］タブを開き、［オプション］を選んでください。左の欄で［メール］を選びます。「メッセージの作成」にある「ひな形を使用して、既定のフォントやスタイル、色、背景を変更します。」の欄の［ひな形およびフォント］をクリックしてください。

図6-5　「返信 / 転送メッセージの［文字書式］」をクリック

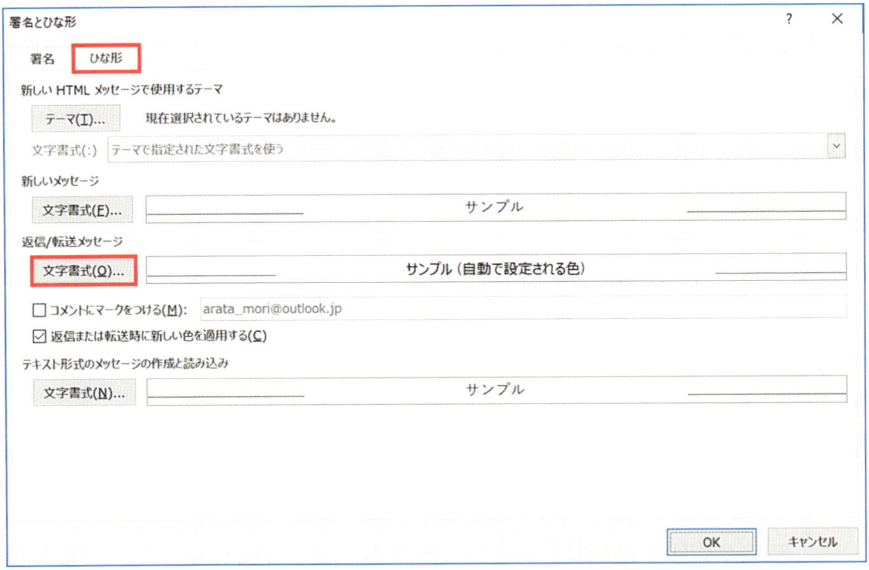

116

「署名とひな形」画面の[ひな形]タブが開きます。「返信/転送メッセージ」の欄の[文字書式]をクリックしてみましょう。

図6-6　フォントの種類を確認・変更できる

「フォント」画面の[フォント]タブが開きます。「日本語用のフォント」「英数字用のフォント」の各欄で返送や転送に使うフォントの種類を選べます。サイズは両方に共通です。

「署名とひな形」画面の[ひな形]タブで「新しいメッセージ」の欄の[文字書式]をクリックすると、新規作成したメールのフォントやサイズを確認したり選んだりすることもできます。144〜145ページでも新規メールの標準フォントの変え方を説明していますので、参考にしてください。

Shift＋右クリック
＝格納したファイルのパスを コピー

共有ドライブにあるファイルを簡単に共有する方法

　組織によってはファイルを共有ドライブに格納し、そのファイルのパス（ファイルの保存場所を示す文字）をメールで送って共有することがあります。この操作を行うときに、ぜひ使いたいのが [Shift] ＋右クリックです。

[Shift] ＋右クリック
↓

図6-7　パスを共有する操作

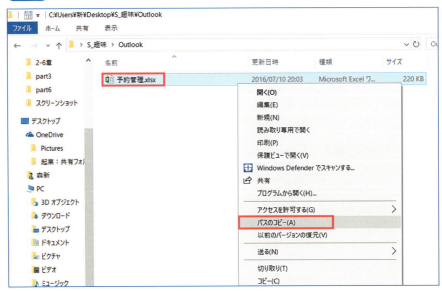

　エクスプローラーで共有ドライブのファイルを選択して、[Shift] を押し

ながら右クリックします。[Shift] ＋アプリケーションキー（キーボード右下にあるノートのようなマークのキー）でもかまいません。メニューが表示されるので［パスのコピー］（または［パスとしてコピー］）を選んでください。これだけで、ファイルへのパスがコピーされてクリップボードに保存されます。

コピーしたファイルのパスは、そのまま本文に貼り付けてもクリックして移動できる状態（ハイパーリンク）にはなりません。ファイルを共有するためには、これをハイパーリンクに変換する必要があります。このときに使うのが［Ctrl］＋［K］です。

ファイルを選んでパスをコピーした状態で、新しいメールあるいは返信の==メールを開き、本文の欄を選択してから［Ctrl］＋［K］を押します。==

[Ctrl] + [K]
↓

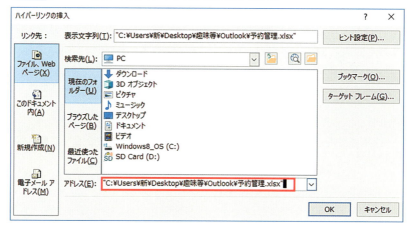

図6-8 コピーしたパスを「アドレス」欄に貼り付ける

「ハイパーリンクの挿入」画面が開き、「アドレス」の欄にカーソルがある状態になるので、そのまま［Ctrl］＋［V］を押してパスを貼り付けて、[Enter] を押します。

図6-9 ハイパーリンクが入った！

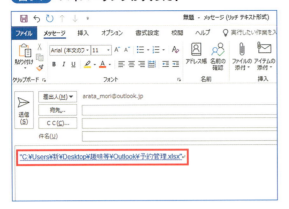

これで、ハイパーリンクが設定されたパスを挿入できます。

なお、このように文字（パス）にハイパーリンクを設定できるのは、本文の書式がHTML形式もしくはリッチテキスト形式の場合のみです。

COLUMN 「アウトルック」のネーミングの由来

　セミナーで、アウトルックの名前の由来を尋ねられたことがあります。しかし、そのとき私は、なぜアウトルックという名前になったのか知りませんでした。せっかく質問して頂いたのに答えられなかったので、マイクロソフト社に勤務する知り合い5人に調査を依頼してみました。

　ところが、結果は「わからない。」でした。

　名前の由来がわからない背景としては、アプリケーションの開発はアメリカで行われていることや、名称が決まってから20年以上もたっていて、担当者もわからなくなっていることなどがありました。

　よく考えてみると、ワードはともかくエクセルだって、どうしてこの名前なのか気になりますよね。

　アウトルックやエクセルなどのネーミングの由来をご存じの方がいたら、ぜひ教えてください。

　さて、アウトルックについてですが、私は「メールばかり見ていないで、外（OUT）を見に行きなさい（LOOK）。」ということだろうと勝手に解釈しています。同時に、本書のノウハウにより、メールにかける時間が圧縮されて、可処分時間が増え、皆さんの未来への展望（outlook）が開けることも心から願っています。

4 F7
=スペルチェック

英語のスペルミスは最後に1秒でチェック

　英文のメールをやりとりする機会も増えてきました。英語の文章を入力したら、送信する前にスペルチェックをしましょう。スペルチェックの機能は［校閲］タブにありますが、キーを使えば手軽に行えます。スペルチェックのショートカットキーは［F7］です。

［F7］

図6-10 スペルチェックを使ってみよう

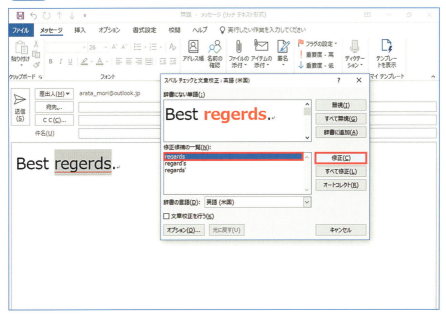

スペルミスが見つかると、「スペルチェックと文章校正」の画面が表示されます。「修正候補の一覧」から単語を選び [修正] をクリックすれば修正できます。スペルミスが複数あったら、修正の操作を繰り返します。
「スペルチェックが完了しました」または「スペルチェックが終わりました」と表示されたら [OK] をクリックして終了します。
　スペルチェックを行うと、スペルにミスのあるメールを送ってしまう心配が少なくなります。また、うろ覚えの綴りで入力しても、あとからこの機能である程度は正しく直せるので、気楽に英文を入力できるという利点もあります。このショートカットキーも、パワーポイントやワードで同じように使えます。

COLUMN　早朝の講師活動を続けている理由

　私は、出社前の午前7時30分から1時間弱、1～2名を対象としてショートカットキーのレッスンを行っています。早朝に講座を開いている理由は2つあります。
　1つは、朝なら予定が入っていないことです。朝のレッスンにすれば友人との会合を断らずにすみます。
　2つ目は、出社前に学習するのは非常に前向きな人が多いということです。そういう人と出会うと元気がもらえます。「ありがとう。今から会社に行くのが楽しみになりました」などのコメントを頂けると、非常にポジティブな気持ちで本業に取りかかれます。つらい仕事もレッスンに参加してくださった方々のプラス思考に助けられて乗り越えていると思っているくらいです。
　早朝からセミナーを行うことで働きすぎを心配されることもありますが、睡眠時間は7時間程度とって活動をしているので、心身の健康には影響ありません。それよりも、朝の時間を有効に使うことは、さまざまな挑戦の原動力になっているように思います。
　皆さんも趣味や遊びに、そしてパソコンの勉強にも朝活を始めてみてはいかがでしょう。

Ctrl + F7
=辞書登録

よく使う文章は2文字で登録して時短

　メールでは、よく定型文を使います。「お疲れさまです。」「ありがとうございました。」「お手数ですがよろしくお願いいたします。」などがその例です。定型文は短い読みで登録しておくと、入力の手間が大幅に省けます。これには単語登録の機能を使います。

　そうはいっても登録するのが面倒だ、と感じている人も多いでしょう。そこでショートカットキーを使いながら単語を登録する方法を紹介します。これなら手早く登録できます。**使用頻度が高い定型文を登録すれば、メールの入力にかかる時間をかなり短縮できます。**

　最初にメールの本文に登録したい文章を入力します。例として「お世話になります。」と入力してください。入力が終わると、最後の読点（。）の次にカーソルがあるはずです。その状態で[Shift]を押しながら左矢印キーを押して、入力した文章全体を選択します。

図6-11 定型文は登録しよう！

範囲を選択して[Ctrl] + [F7]

図6-12 「よみ」は2文字がおすすめ

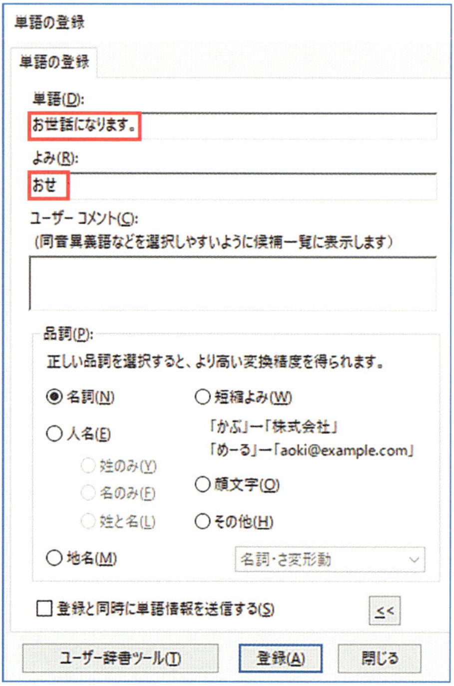

その状態で［Ctrl］＋［F7］（ウィンドウズ7以前の場合は、［Ctrl］＋［F10］→［W］キーを押してください）を押すと「単語の登録」画面が表示されます。「単語」欄には、入力した文字がそのまま表示されているので、［Tab］を1回押して「よみ」欄に移動し、読みを入力します。最後に［Enter］を押せば登録できます。「単語の登録」画面は［Esc］で閉じられます。

単語登録をする際のポイントは「よみ」です。おすすめの方法は、ひらがな2文字にして登録することです。「お世話になります。」なら「おせ」とします。1文字では「お」から始まる単語が全部変換リストに出てきてしまい変換時の効率を下げてしまうためおすすめしません。また、3文字にすると「よみ」を忘れやすいので、2文字が最適です。

図6-13 「よみ」から定型文に変換できる

このように登録した文章は、「よみ」を入力して［Space］キーを押すだけで変換できるので、あとは［Enter］で確定します。

ここで説明した単語登録の方法は、マイクロソフト社の IME で有効です。グーグル IME などほかの日本語入力システムを使っている場合には行えないのでご注意ください。

COLUMN　辞書登録基本パッケージ作成のススメ

　専門用語は業界ごとに存在します。変換に手間がかかるキーワードは辞書登録することをおすすめしましたが、職場内でそれぞれの人が使っている業界用語には、個人間の差異はないはずです。
　そういうなかで、各人が業界用語を個別に辞書登録していては効率がよくありません。各業界、各職場にフィットする辞書登録のパッケージを特定の人あるいは部門が作成し、それをほかの人たちと共有するのが理想的な方法です。
　専門用語、業界用語を単語登録して共有することは、入力時間の短縮を図るのみならず、入力スキルの平準化にもつながります。単語登録を利用することで入力が速くなり、ミスも少なくなるからです。
　ウィンドウズ10では日本語入力システムの予測入力の機能が向上し、よく入力される言葉、以前に入力したことがある言葉は変換候補として表示されるので、選択するだけで楽に入力できるようになっています。このため単語登録は不要ではないか、と考える人もいるかもしれません。しかし、単語登録には「共有できる」という特長があり、この点では予測入力に勝っています。単語登録は少し面倒かもしれませんが、大いに活用して頂きたい機能です。

6 Ctrl + Shift + I ＝受信トレイへジャンプ！

いつでも「受信トレイ」に行ける便利なキー

　アウトルックには、メールのほかに予定表、連絡先などいくつもの画面があります。またメールにも「下書き」や「送信済みアイテム」などの各種のフォルダーがあります。このような画面を開きながらアウトルックの操作をするわけですが、なんといっても一番よく使うのはメールの「受信トレイ」です。ほかのどのフォルダー、どの画面を開いていても、一気に受信トレイに移動できるキーが[Ctrl]＋[Shift]＋[I]です。「I」は英語の「Inbox」（受信トレイ）の頭文字と覚えてください。

図6-14　一瞬で「受信トレイ」に行くには？

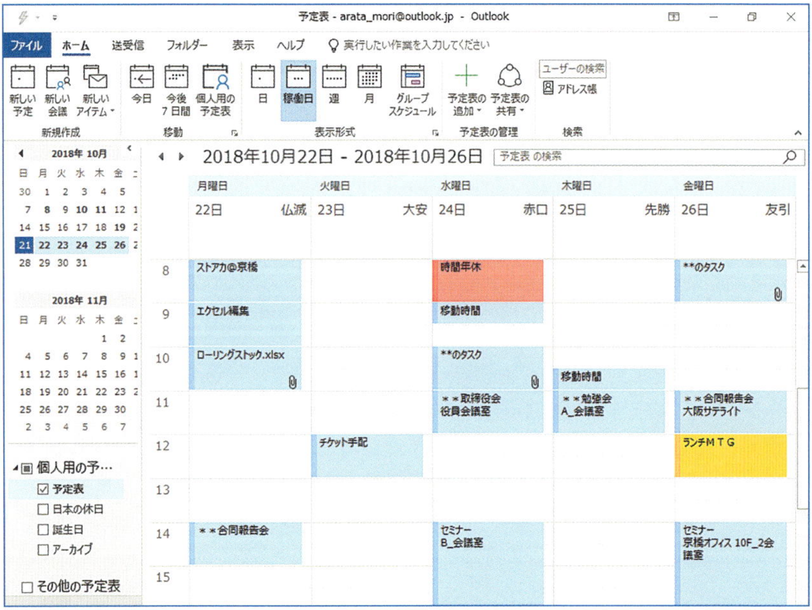

[Ctrl] + [Shift] + [I]
↓

図6-15 受信トレイにジャンプできた！

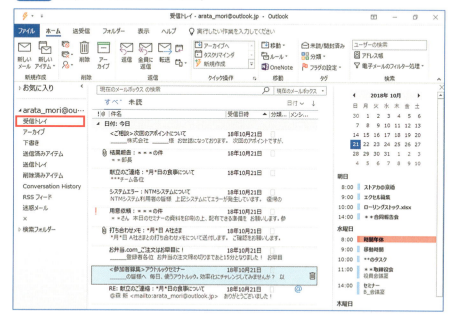

インがあるのですから、逆のアウトもあります。送信トレイへの移動です。これには [Ctrl] + [Shift] + [O] を使います。未送信のメールの有無を確認したいときに重宝するキーです。ちなみに「O」は「Outbox」（送信トレイ）の頭文字と覚えてください。

7 Alt＋数字
＝クイックアクセスツールバーの活用

ショートカットキーがないものもショートカットキー化できる！

　アウトルックのタイトルバーの左上に小さいボタンが並んでいます。この領域を「クイックアクセスツールバー」と呼びます。リボンにあるボタンは、タブによって切り替わりますが、クイックアクセスツールバーのボタンは、タブと関係なく常に表示されているので、いつでもすぐに利用できるという特長があります。

　アウトルックでは、メールの新規作成画面・予定表の新規作成画面など、画面ごとにクイックアクセスツールバーのボタンを設定できるようになっています。

図6-16　ウィンドウの左上にあるボタンに注目！

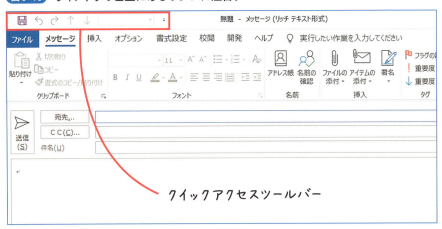

　そして、クイックアクセスツールバーのボタンにもショートカットキーが割り当てられています。[Alt]を押してみてください。ボタンごとに[1]、

［2］というように数字が表示されます。**［Alt］を押してからこの数字のキーを押すと、それぞれのボタンをクリックしたのと同じ効果があります。**
Office365の初期設定では、アウトルックの画面にあるクイックアクセスツールバーの一番左には「すべてのフォルダーを送受信」があります。そこで［Alt］を押してから［1］を押すと、送受信が実行されます。

図6-17 ［Alt］を押すとボタンの下に番号が現れる

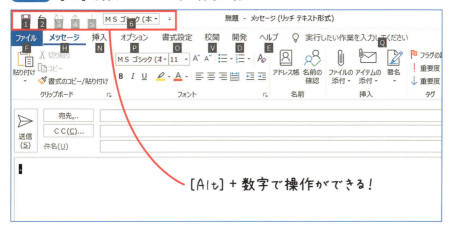

［Alt］には、次にどのキーを押すとどの機能を使えるかというヒントを表示する働きがあります。［Alt］を押すと、クイックアクセスツールバーだけでなく、［ファイル］のようなタブにも英字が表示されます。たとえば、メールの新規作成画面で［Alt］を押すと、［メッセージ］タブの下に［H］、［挿入］タブの下に［N］のように表示されます。そこで［H］を押すと［メッセージ］タブが開き、各ボタンに割り当てられた英字が表示されます。もし、重要度を「高」に設定したければさらに［H］を押す、というようにして使います。

［Alt］でヒントを表示する操作は、パワーポイントやエクセル、ワードなどでも同じです。ショートカットキーを忘れてしまっても、手がキーボードにあるなら［Alt］を押せば、キーだけで操作できるわけです。脱マウスを助けてくれる優れもののキーなので、ぜひ覚えてください。

Alt＋"1"＝「アーカイブへ格納する」ショートカットを作る

右手のホームポジションが崩れないショートカット

　クイックアクセスツールバーには、よく使う機能のボタンを自分で配置できます。そして、クイックアクセスツールバーにボタンを置くと、自動的に数字のキーが割り当てられます。つまり、ショートカットキーのない機能でもクイックアクセスツールバーにボタンを置けば、[Alt]と数字キーで操作できるようになるわけです。また、ショートカットキーは存在しているものの、3つ以上のキーを使うケースなどでキー操作を短縮したい場合も、[Alt]と数字キーの操作が役に立ちます。

　本節では、キー操作を短縮したいケースを想定して操作を紹介します。74〜76ページで作った「アーカイブへ」のクイック操作で設定した3つのキーを使ったショートカットキー[Ctrl]＋[Shift]＋[1]を、クイックアクセスツールバーのボタンにして操作の短縮を図ります。ちなみに、私はこの方法を活用してアーカイブにメールを格納しています。[Ctrl]＋[Shift]＋[1]ではなく、左手だけで操作が可能な[Alt]と数字キーで代用できるようになり、また、アウトルックにおけるショートカットキーの右手のホームポジションが崩れずに操作できて、効率がさらに上がります。

図6-18 クイック操作をクイックアクセスツールバーに追加

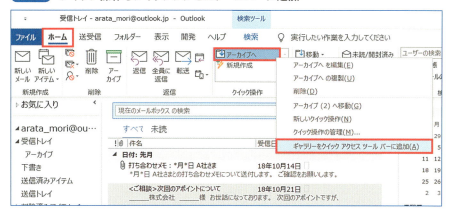

［ホーム］タブを開き、［クイック操作］のなかの任意の操作を右クリックして、［ギャラリーをクイックアクセスツールバーに追加］を選びます。

図6-19 クイック操作にショートカットキーが設定された！

　クイックアクセスツールバーの領域に［クイック操作］のボタンが追加されます。その状態で［Alt］を押してみてください。ボタンの上に数字が表示されます。図では［1］なので、［Alt］と［1］で［クイック操作］が実行できることがわかります。画面設定の状況によってはクイック操作が［1］以外に配置されることもあります。これを［1］を使うように変更することも可能です。具体的な方法は133～136ページをご覧ください。

もっと時短したい人のためのショートカットキー上級編　第6章　131

図6-20 矢印キーで操作を選んで[Enter]

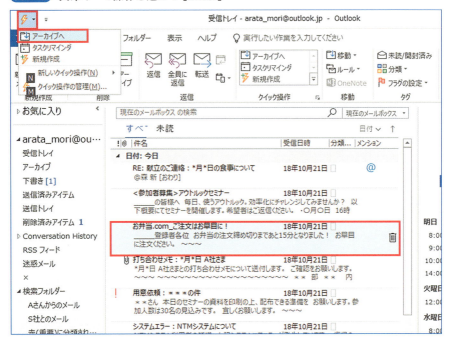

　動作を確認してみましょう。受信トレイのメールを選択してから[Alt]を押し、続いて[1]（[クイック操作]のボタンに表示された数字のキー）を押してください。クイック操作の一覧が表示されるので、[アーカイブへ]を選んで[Enter]を押せば、メールがアーカイブフォルダーに移動します。
　キー操作で「クイック操作の編集」画面（88ページ参照）を表示し、新しいクイック操作を登録することもできます。[Alt]を押してから[1]を押してクイック操作の一覧を表示すると、[新しいクイック操作]が[N]になっています。そこで[N]を押し、続いて[ユーザー設定]の[C]を押すと「クイック操作の編集」画面になります。
　また、クイック操作の一覧を表示してから、[クイック操作の管理]の[M]を押すと、登録してあるクイック操作を編集したり並び順を変えたりできる画面になります。

9 Alt＋"1"＝「署名」のショートカットキーを作ろう！

署名の使い分けもショートカットで簡単にできる

　メールの最後に署名を付けるのも、たびたび行う操作です。しかし、署名のショートカットキーはありません。本節では、ショートカットキーがない操作をクイックアクセスツールバーに登録し、[Alt] を押してから数字キーを押すことで操作が効率化できるという事例を紹介します。ここでは署名をクイックアクセスツールバーに登録し、さらに [Alt] と [1] で署名を入れられるように位置を移動する方法を説明します。

　署名の機能は、メールを新規作成する画面や返信の画面で表示されるので、[Ctrl] ＋ [N] で新しいメールを表示してください。

図6-21 [署名] ボタンをクイックアクセスツールバーに追加

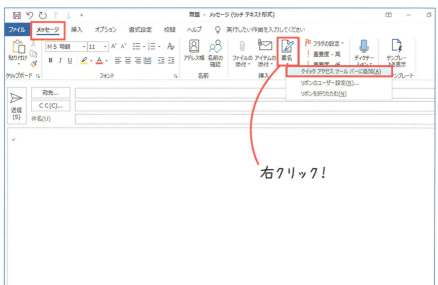

もっと時短したい人のためのショートカットキー上級編　第6章　133

［メッセージ］タブを開き、［挿入］グループの［署名］を右クリックして、［クイックアクセスツールバーに追加］を選びます。

図6-22 ［署名］ボタンに［6］が割り当てられた！

クイックアクセスツールバーに［署名］のボタンが追加されました。［Alt］を押すと、数字を確認できます。図では［6］になっています。［6］では覚えづらいので、［1］に変えることにします。

図6-23 ボタンの位置を変えるために設定画面を呼び出す

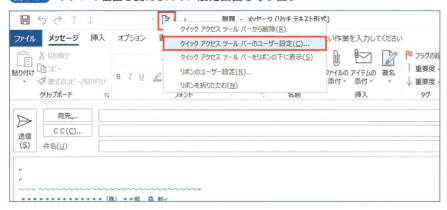

クイックアクセスツールバーの任意の位置を右クリックし、［クイックアクセスツールバーのユーザー設定］を選びます。

図6-24 [署名] ボタンを上に移動

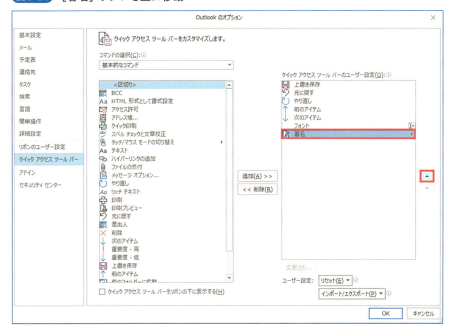

　クイックアクセスツールバーの画面が表示され、「クイックアクセスツールバーのユーザー設定」欄の一覧に [署名] があります。これを選択して、[▲] をクリックすると、1つ上に移動します。[▲] のクリックを繰り返して一番上に移動してください。最後に [OK] をクリックして画面を閉じます。これで署名が [1] になります。

図6-25 矢印キーで挿入する署名を選ぶ

もっと時短したい人のためのショートカットキー上級編　第6章　135

署名のボタンの使い方ですが、署名を入れる位置にカーソルを置いてから、[Alt] を押して、次に [1] を押します。署名の一覧が表示されるので、入れたい署名を選んで [Enter] を押せば、署名が入ります。
　このようにクイックアクセスツールバーにボタンを登録しておけば、[メッセージ] タブを開いてから [署名] ボタンをクリックして署名を選ぶより、はるかに短時間で署名を入れられるようになります。
　ところで、図の署名の一覧で選択しているのは「.社外署名」という署名です。署名の名前の先頭に「.」を入れているのは、署名の一覧で一番上になるようにするためです。署名もフォルダーと同じように、名前の先頭が半角記号→半角英数字→全角の日本語（文字コード順）の順に並ぶからです。よく使う署名が先頭にあれば選択しやすい。時短は、こんなちょっとした工夫の積み重ねによって実現できるものです。

COLUMN　スノーボードも研究？　週休3日実現まで

　私は、社会人2年目以降、雪質がよくなるハイシーズンの1月〜3月は、ほとんど週休3日にしています。
　私の趣味はスノーボードなのですが、今やスノーボードも研究対象。画像解析や大会出場までとことんやっていると時間がいくらあっても足りません。社会人1年目で「なんとかスノーボードの時間を確保したい！」という思いが強くなりました。
　とはいうものの、会社の仕事も楽しく、やりがいもあります。なんとかして仕事とスノーボードを両立させたい。そんな想いから、社会人1年目で「週休3日で仕事ができる人間になろう」と決意しました。
　週休3日にするには、5営業日の仕事を4営業日で回す必要があります。どうしたら実現できるだろう？
　考えた結果、多くの時間を費やしているPC作業を5／4倍以上の速度で行えば、1営業日余るはずだという結論に達しました。アウトルックスキルを磨き、ショートカットキーを覚えた原点はここにあります。
　現在のところ、1月〜3月は無事におおむね週休3日で過ごしています。皆さんも明確な目標を持てば、週休3日も夢ではなくなるでしょう。

第 7 章

よくある質問

# よくある質問

セミナーや研修で、受講者の方からよく尋ねられる質問とその回答をまとめました。アウトルックの操作で多くの人が疑問に思うことやアーカイブフォルダーの使い方、効率よい検索方法など、本編で紹介しきれなかったワザもあります。困ったときの参考にしてください。

Q.1

受信トレイに数千件のメールがあります。どのようにアーカイブフォルダーに移動したらよいでしょうか？

A.1

　数千件のメールを一度にアーカイブフォルダーに移動しようとすると、パソコンの性能によってはフリーズすることがあります。これを防ぐために数百件ずつ移動することをおすすめします。具体的には次のようにします。

　まず、一番上のメールを選んでください。そして受信トレイをスクロールして数百件くらいと思う箇所で、[Shift] を押しながらメールをクリックします。こうすると、最初に選んだメールから最後にクリックしたメールまでを一気に選択できます。この状態で、アーカイブフォルダーにドラッグ＆ドロップすれば、数百件のメールを簡単に移動できます。

138

検索してもヒットしないメールがあるのはなぜですか？

アウトルックの初期設定では、検索はそのときに選択しているフォルダーの直下のみで行われます。このため、複数の階層でフォルダー分けをしているような場合には、目的のメールが保存されているフォルダーが検索対象になっていないこともあります。

検索しても探しているメールが見つからなかったら、検索の設定を変えてください。変更の手順は次のとおりです。

［ファイル］タブを開き、［オプション］を選びます。

図7-1 メールが見つかるように検索範囲の設定を変える

前ページの一覧で［検索］をクリックします。「検索対象範囲」が初期設定では［現在のフォルダー。受信トレイから検索する場合は現在のメールボックスになります。］になっていますが、［すべてのメールボックス］（または［すべてのフォルダー］）をクリックして設定を変えて、［OK］をクリックします。これで、すべてのメールボックスが検索の対象になります。

　ただ、この設定にすると検索範囲が広くなるため検索のスピードが落ちるという欠点があります。そこで、いつもこの設定にするのではなく、フォルダー分けをしていて検索しても見つからないメールがあるときだけ［すべてのメールボックス］の設定にしてください。検索が終わったら、忘れずに［現在のフォルダー。受信トレイから検索する場合は現在のメールボックスになります。］に選択を戻しておきましょう。

フォルダーに移動するためのショートカットキーはありますか？

［Ctrl］＋［Y］で「フォルダーへ移動」の画面を呼び出せます。

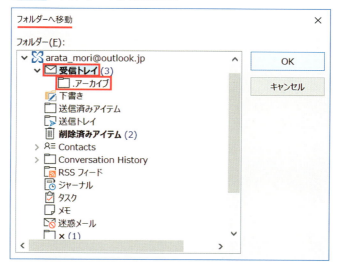

図7-2　矢印キーで移動先を選ぶ

　［Ctrl］＋［Y］を押すと、「フォルダーへ移動」画面になります。この状態で上下の矢印キーで移動先のフォルダーを選び、［Enter］を押せば、そのフォルダーを開けます。

　図のように受信トレイのなかのフォルダーを展開して選びたい場合は、受信トレイを選択した状態でキーボードの右矢印キーを押してください。受信トレイの下にあるフォルダーが表示されて選択できるようになります。

会社で割り当てられているアウトルックの容量が少なくて、すぐにいっぱいになってしまいます。どうしたらいいですか？

個人フォルダーを作成して、そこにメールを移動するのがベストです。しかし文字だけのメールを何百件、何千件と移動してもあまり効果はありません。記憶容量を圧迫しているのは大きな添付ファイルが付いているメールだからです。このような添付ファイルのあるメールをまとめて移動させることで、文字だけのメールであれば、さらに数百件、数千件の保存ができるようになります。

では、大きな添付ファイルがあるメールをどうやって探したらよいかということになりますが、これには並べ替えの機能を使います。

図7-3　各フォルダーにはメールを並べ変えるボタンがある

メールを保存したフォルダーを開くと右上のところに［日付］のような並べ替えの基準が表示されているので、これをクリックします。

図7-4 「サイズ」で並べ替える

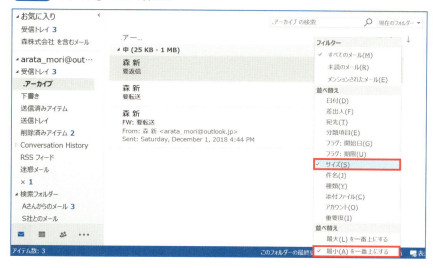

「並べ替え」のなかから［**サイズ**］を選んでください。次にもう一度［**サイズ**］を選ぶとサイズの大きい順にするか小さい順にするかも選べます。バージョンによっては、メールの一覧の上部にある見出し部分の［**サイズ**］をクリックして並べ替えることもあります。

　サイズの大きいメールを特定できたら、それを個人フォルダー（アウトルックの外に作ったフォルダー）に移動すれば容量を空けられます。ただし、外に保存したメールはアウトルックでの検索の対象外になります（初期設定の場合）。メールを探す場合は、そのフォルダーの検索機能を使ってください。

新規メール作成時の標準フォントを変えたいのですが？

［ファイル］タブの「オプション」画面で指定できます。
［ファイル］タブを開き、［オプション］をクリックしてください。

図7-5　フォントは［ひな形およびフォント］で変える

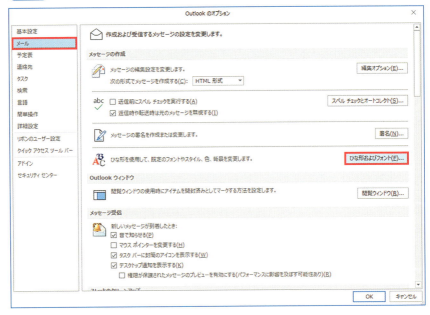

　左の一覧で［メール］を選択して、［ひな形およびフォント］をクリックします。

図7-6 「新しいメッセージ」の [文字書式] をクリック

「新しいメッセージ」の [文字書式] をクリックします。返信や転送するメールのフォントを指定したければ「返信/転送メッセージ」の [文字書式] をクリックしてください。

「フォント」画面が開くので、フォントやサイズを指定します。図では「日本語用のフォント」を「MS明朝」、サイズを11ポイントにしています。[OK] をクリックして開いている画面をすべて閉じます。これ以降、新規作成するメールのフォントが変わります。

図7-7 フォントやサイズが選べる

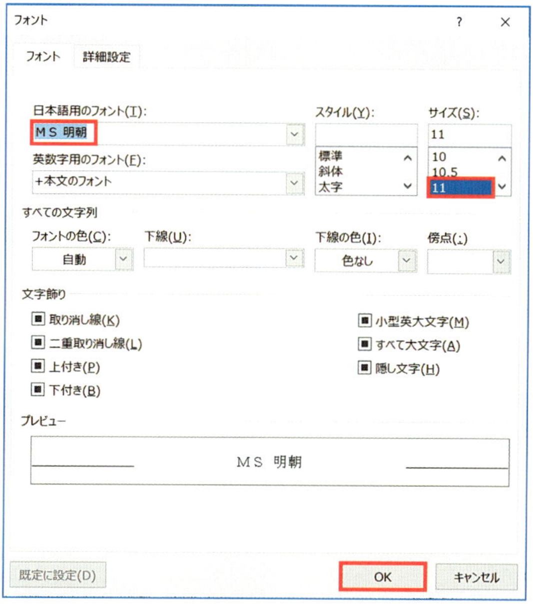

よくある質問 第7章 145

新しいクイック操作を作ったところ、既存のクイック操作の後ろに配置されてしまいました。クイック操作の位置は変えられませんか？

クイック操作は作成してから位置を入れ替えられます。最もよく使うクイック操作を一番上に表示すれば使い勝手がよくなります。

図7-8 　位置を変えるために［クイック操作を管理］を選ぶ

［ホーム］タブを開き、クイック操作の任意のボタンを右クリックして［クイック操作の管理］を選びます。

図7-9 操作を選んで［↓］をクリック

位置を変えるクイック操作を選択して、左下の［↑］または［↓］をクリックします。図では「メンバーへ転送」を選んで［↓］をクリックして下に移動しようとしています。

図7-10 上下が入れ替わる！

クイック操作の位置が入れ替わります。図では「メンバーへ転送」が下になりました。[OK] をクリックします。

図7-11 クイック操作の位置が変わった！

「.アーカイブ」が先頭になりました。

Q.7

スマートフォンでも会社のアウトルックを見ていますが、アーカイブはどのように運用すればよいでしょうか？

A.7

　メールをアーカイブフォルダーに保存するのはスマートフォンのアウトルックアプリでも基本的に行えます。この場合は、PCのアーカイブフォルダーと同一の場所にならないこともありますが問題はありません。

　スマホとPCのアーカイブの場所が異なっていたら、メールを検索する際に、前述のA.2の操作を行って検索範囲を広げてください。アーカイブの場所が違っていても両方を同時に検索できればメールを見つけられるので大丈夫です。

メールを他人が送信できるように送るには、どうしたらよいでしょうか？

メールを送信できる状態にして上司に送り、上司から全社に送信して欲しい、というような場合に知りたい操作です。このときのポイントは上司に送信して欲しいメールを「oft」形式で保存することです。これを上司宛のメールに添付します。通常のアウトルックのメールのファイル形式である「msg」で添付すると、そのメールを上司が送信しようとしても［送信］ボタンをクリックできないというトラブルに見舞われるので注意してください。

「oft」形式でメールを保存する方法は次のとおりです。

図7-12　［Outlook テンプレート］を選ぶ

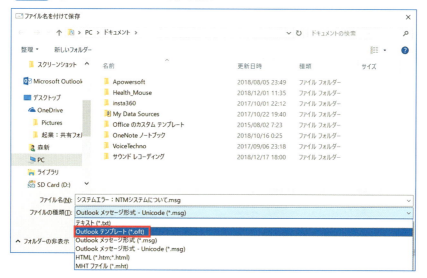

上司に送信して欲しいメールを作成し、［ファイル］タブを開いて［ファイル名を付けて保存］（［F12］キーでも可能）を選びます。「ファイルの種

類」欄をクリックして、[Outlook テンプレート]を選び、保存先を指定して[保存]をクリックします。

図7-13 oft 形式のファイルを添付して送る

上司宛のメールを作成し、先ほど保存した oft 形式のファイルを添付して送信します。

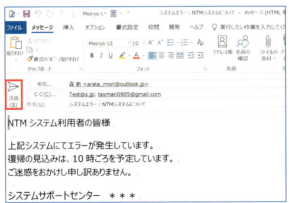

図7-14 oft 形式のファイルは開いて送信できる

上司は、添付されたメールを開いて[送信]をクリックすればメールを送ることができます。

Q.9

検索してもメールが見つからないことがあったため、フォルダー分けをやめられません。どうしたらよいでしょう？

A.9

　検索条件が漠然としていると、目的のメールがヒットしないことがあります。76ページからの「検索の軸を設定する」で検索条件を複数設定する方法を紹介していますので参考にしてください。また、特定の企業とのやりとりのメールを探す場合には、企業名で検索するのではなく、メールアドレスの「@」以降の企業のドメイン名を条件として検索すると精度が上がりますので、その操作を紹介します。

図7-15 企業名で検索してもメールは見つからない

「フォレスト株式会社」とやりとりしたメールを探そうとして、「フォレスト」という条件で検索しましたが、一致するメールが見つかりませんでした。

図7-16 ドメイン名で検索すると見つかる！

　検索条件を指定できるように欄を表示し、「宛先」として「@forest」という条件で検索したところ、複数のメールが見つかりました。

　図のように検索条件の欄を表示する方法は、76ページからの「検索の軸を設定する」をご覧ください。

Q.10

セミナーや研修の案内のメールのように、まだ対応が終わっていないメールもアーカイブに移動すべきでしょうか？

A.10

あとで見返すことがあるメールは予定表に組み込んだうえでアーカイブに移動させることをおすすめします。受信したメールは、次のようにすると簡単に予定表に入れられます。

図7-17 予定表に組み込むメールを選んで［Ctrl］＋［C］

予定表に追加するメールを選択して［Ctrl］＋［C］を押します。

図7-18 予定表で日時を選んで [Ctrl] + [V]

　予定表の画面に切り替え、対象の日時の範囲を選択して [Ctrl] + [V] を押します。

図7-19 予定画面で [保存して閉じる] をクリック

メールの内容が含まれた予定の画面が表示されるので、[予定] タブを開き、[保存して閉じる] をクリックします。

図7-20　メールの内容が予定表に入る

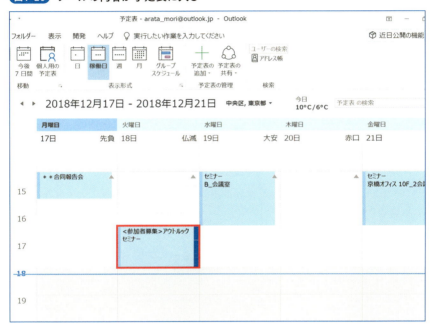

　予定表にメールの内容が自動で反映されます。
　この操作は27ページからの「Case 3：予定表画面から新しいタスクを起動しない」でも説明していますので参考にしてください。

Q.11

毎朝アウトルックを自分で起動していますが、自動的に起動することはできないのでしょうか？

A.11

「スタートアップ」フォルダーにアウトルックのショートカットを保存すれば、ウィンドウズの起動時にアウトルックも自動で起動されるようになります。この設定方法は次のとおりです。

［Windows］＋［R］を押してください。「ファイル名を指定して実行」画面になるので、「名前」欄に「shell:startup」と入力して［Enter］を押します。

図7-21 「shell:startup」と入力

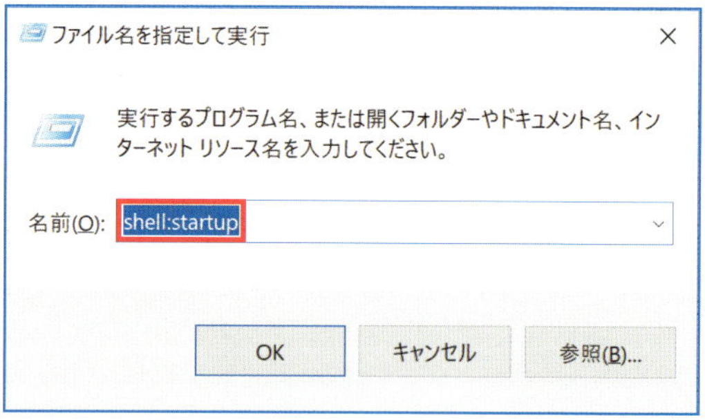

図7-22 「スタートアップ」フォルダーが開いた！

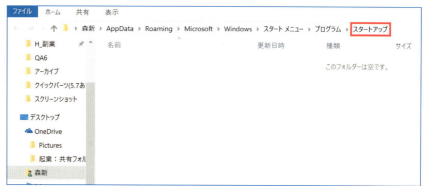

「スタートアップ」フォルダーが開きます。

図7-23 ［Outlook］のアイコンをドラッグ＆ドロップ

［スタート］ボタンをクリックして、［Outlook］のアイコンを「スタートアップ」フォルダーにドラッグ＆ドロップします。

ウィンドウズのバージョンによっては、スタート画面のアウトルックのアイコンを右クリック→［ファイルの場所を開く］を選び、開いた画面にあるアウトルックのショートカットアイコンを「スタートアップ」フォルダーにコピーしてください。

図7-24「スタートアップ」に Outlook が入った！

「スタートアップ」フォルダーにアウトルックのショートカットアイコンが保存されます。次回からは、ウィンドウズを起動するとアウトルックも自動で起動するようになります。

よくある質問　第7章　**157**

EPILOGUE　おわりに

　最後まで、お読み頂きありがとうございました。繰り返しになりますが、アウトルックスキル向上によって、人生の可処分時間を大きく増やすことが可能です。ぜひ、習得してみてください。また、職場の皆さんにぜひ習得したスキルを積極的に共有してみてください。メールは整理せず、検索で見つけることが効率的であると述べましたが、これは、発信者において、「受信者が検索しやすい件名で発信する」ことが前提になっています。考えすぎる必要はないものの、ある程度検索を配慮した件名でのメール発信を組織全体ルールとして運用することがさらなる効率化のキーになってきます。よって、重要なのは、個人のアウトルックスキルを高めると同時に、相互の効率化につながるメールのルールを組織として運用していくことです。

　具体的には、件名などのルール設定だけでなく、TOとCCとBCCの使い分け、HTML形式とリッチテキスト形式どちらを主体にするか、推奨の画面設定の周知（閲覧ウィンドウは使わない等）・標準化などがあげられます。そして、その結果として、組織全体で時間を創出し、新たな取り組み・挑戦に時間を再配分していきましょう。

　私は、以下の3つの挑戦をすると27歳のときにきめました。この目標を達成するべく、とことん業務効率化に取り組み、可処分時間を増やしてきました。

１：30代で経営者になり多くの決断経験を積む
２：社会課題を解決する新規事業を開発しスケールさせる
３：ノウハウの発信（書籍の出版など）に挑戦し、社会の発展に寄与する

　この3つをどうすれば達成できるかをずっと考えてきました。しかし、自分には書籍化するほどのノウハウは持ってないと思い込んでいました。ない

なら作ればよい。そう気づかせてもらった友人がいます。大学からの友人である、本屋敷くんという人物です。彼は、彼ならではの人的ネットワークを生かした就職活動のエピソードやノウハウをまとめた本の出版にチャレンジしようとしており、出版企画書をさまざまな出版社に持ち込んでいました。「なるほど、ノウハウの種は自分の周辺や内側にあり、そのノウハウを体系化し、自らチャンスを獲得しに行けばよいのか」。そう考え、私は、自分の持っているスキルを改めて棚卸ししてみました。

　その結果、私は職場で、PCの使い方について質問されるケースが非常に多く、そのほとんどを即座に解決してきたことを振り返り、この分野での出版に挑戦することに決めました。そこに自分の業務における経験（働き方改革を担当し、組織の生産性を上げる）を通じて、ボトルネックがアウトルックにあることに気が付きました。

　そこで私も彼同様に、たくさんの出版社に企画書を確認してもらいました。出版社に私のセミナーにも参加して頂きました。そのなかで、ダイヤモンド社の木下翔陽さんよりチャンスを頂き、皆さまに本書がお届けできるようになりました。ほかにも、自分の周りの状況を振り返ってみると、濱松誠さん率いるONE JAPANからはどんな状況でもやりぬく熱量を、競技スノーボード仲間からはどんな打席でも屈しない挑戦心を、ストアカの飯田佳菜子さん・十河貴行さんからは沢山のリアルな打席を、そして、両親からはその打席を楽しむ好奇心を頂きました。また、本書の構成など多大なサポートを頂いた岡田泰子さんに一番の感謝を込めて、結びの言葉とさせて頂きます。本当にありがとうございました。

[著者]
森新（もり・あらた）
ショートカット・Outlook研究家。
1988年高知県生まれ。北海道大学工学部卒業後、サントリーフーズ株式会社に入社。サントリーグループ内にて、営業・人事を経て現在新規事業に携わる。人事部で働き方改革を担当するなかで、アウトルックスキルの獲得による業務生産性の大幅向上の余地を発見。ライフワークとして研究を重ね、独自にノウハウを蓄積。研究したノウハウをスキルシェアサイト「ストアカ」を通じて発信したところ、個人だけでなく法人からも講演オファーを受ける大人気講座に。最高ランクとなるプラチナバッジを獲得。セミナーの満足度95％と極めて高い評価を得ており、パラレルキャリアの第一人者として、「News Picks」「FNN.jp」「NHK WORLD」など、数々のメディアに取り上げられている。アウトルックスキルという言葉を普及させる事で、「アウトルックの技術」の必要性を顕在化させ、日本全体の業務生産性向上にアプローチしていく事をミッションとしている。

アウトルック最速仕事術
――年間100時間の時短を実現した32のテクニック

2019年3月27日　第1刷発行
2019年4月11日　第2刷発行

著　者――森新
発行所――ダイヤモンド社
　　　　　〒150-8409　東京都渋谷区神宮前6-12-17
　　　　　http://www.diamond.co.jp/
　　　　　電話／03・5778・7232（編集）03・5778・7240（販売）

装丁――――井上新八
本文デザイン・DTP――岸和泉
編集協力―――岡田泰子
製作進行―――ダイヤモンド・グラフィック社
印刷――――加藤文明社
製本――――川島製本所
編集担当―――木下翔陽

©2019　Arata Mori
ISBN 978-4-478-10677-8

落丁・乱丁本はお手数ですが小社営業局宛にお送りください。送料小社負担にてお取替えいたします。但し、古書店で購入されたものについてはお取替えできません。
無断転載・複製を禁ず
Printed in Japan